JN050935

発達が気になる子の
「できた!」を引き出す

# 教師の
# 言葉かけ

筑波大学附属大塚特別支援学校

佐藤 義竹

学陽書房

# はじめに

　本書は教師から子どもへの「言葉かけ」について、特別支援教育の立場から考えたものです。私たち教師は子どもの姿を臨機応変に受け止め、指導や支援をすることが求められます。

　しかし、いざその場面になると、どのような言葉かけをすれば良いのか迷いが出たり、その後の子どもの姿から上手くいかなかった…と反省したりすることが多くあるのではないでしょうか。
　「友だち同士の関係性について、どう教えたらいい？」「ルールは、どうしたら伝わるの？」「立ち歩きをしてしまう子への手立てとは？」「学習で自信をなくしている子は、どう前向きになる？」そのような悩みのちょっとしたヒントになればと思い、執筆いたしました。

　子どもが十人十色であるように、私たち教師も多様です。指導観も実際の子どもへの関わり方も、全く同じ教師はいません。ぜひ、教師一人ひとりの個性を大事にして欲しいと思います。

ただその根元には、子どもへの前向きな思い・願いがあることが重要です。子どもの姿から「あの子は〜できない」や「〜が難しい」で終わるのではなく、「あの子が△△できるように、〇〇してみよう」と教師から子どもへの働きかけを考えることで、その先の関わりが広がります。

　その働きかけが言葉かけです。本書では、子どもが自信を深め、安心することにつながる具体的な言葉かけを場面ごとに紹介しています。

　学校生活のさまざまな場面を挙げながら、子どもへの言葉かけを書きました。ただ、本書の言葉かけが絶対正しいわけではありません。

　大事なのは、その後の子どもの姿がどのようになったか、きちんと振り返ることです。子どもの姿から私たちが気付きを得ることで、その先の関わりの広がりや子ども・私たち教師自身の成長につながっていきます。ぜひ、読者の方一人ひとりの視点を大切に読み進めてください。

佐藤義竹

## 第3章

社会的スキルを育てる!

# コミュニケーションの
# 言葉かけ

## 第4章

### やる気を伸ばす！
# 感情面をサポートする言葉かけ

## 第5章

集中力を高める！
### 一斉活動・授業の言葉かけ

## 第6章

勉強が楽しくなる！
### 学習支援の言葉かけ

第**7**章

伝わり方が変わる!
## 指導計画と 子どもへの向き合い方

# 第 1 章

朝をスムーズに始める！

# 登校の言葉かけ

自分で できるように なることを 目指そう！

# 1 一人登校が難しい時の言葉かけ

**ステップ 1** 　基本の言葉かけ

お母さん・お父さんと一緒に来ても大丈夫。
でもちゃんと自分でお願いしてみよう。

**ステップ 2** 　アフターフォローの言葉かけ

時間までに教室に来られたね。
お母さん・お父さんにありがとうって伝えようね。

私たちは環境が変化すると不安を感じ、心配になります。新学期や長期休み明けでは、不安や心細さを感じつつも登校できた子どもの気持ちに寄り添った言葉かけが大切です。

## 😊 大切にしたい「期待や楽しみをもって」教室に向かう姿

　子ども一人ひとり、またその日によっても見られる姿は異なります。「先生と一緒に教室に行ってみようか？」と誘いかけて、すぐに切り替えることができる場合もあれば、そうでない場合もあります。特に1年生の初めの頃は、登校時に保護者と離れることに時間がかかることが多いことと思います。どのような言葉かけをすれば良いのか悩む場面です。

　そのような時は、事前に私たち教師の中で、その子の大切にしたい姿（＝目指したい姿）を明確にすることで、具体的な言葉かけを考えやすくなります。子どもが「今日はどんなことをするのかな？」「今日も○○くんと遊びたいな」と期待感をもって教室に向かう姿はかけがえのないものです。もちろん、子どもの実態によっては「一人で教室に行くこと」を目指すことがあると思います。ぜひ「その子のどのような姿を目指したいか」ということから言葉かけを考えてみてください。

## 😊 良い形で自分の気持ちを伝える経験に変えてみましょう

　たとえば、保護者に一緒に教室まで来て欲しい思いを「駄々をこねる」形で伝えることと、自分なりに落ち着いて言葉で伝えることは違います。普段の生活の中で、自分の気持ちを言葉で相手に伝える機会、相手に感謝の気持ちを伝える場として、学びのチャンスにもつながるはずです。一つの場面をどのような機会に変えるか、そのような視点から言葉かけを考えるおもしろさがあります。

　また、ぜひフィードバック（振り返り）についても考えてみてください。「明日は自分で（教室に）来ようね」ではなく、何ができたか、どんなことが良かったかなどその子のポジティブな姿に注目した言葉かけをすることで、その子も安心します。また、自信を深め、より主体的な生活につながる機会にもなるはずです。

## 2 遅刻や忘れ物対策は、保護者へのアプローチから

**ステップ 1** 遅刻した時の言葉かけ

おはよう。なんだか眠そうだけど、昨日は何時くらいに寝たのかな？　大丈夫??

**ステップ 2** 忘れ物をした時の言葉かけ

誰でも忘れ物をすることがあるから、しょうがないよ。忘れ物に気づいた時は、安心して先生に教えてね。

「明日は遅刻しないようにね」ではなく、「今日は〇時には寝て、明日の朝起きれるようにしようね」など、具体的な言葉かけが大切です。また、生活リズムも含めて保護者の協力や理解が必要な場合もあります。

## ☺ 保護者と日常生活の優先順位を一緒に考えてみる

　1日の生活リズムのすべてについて、自分でコントロールすることはきっとないはずです。特に、子どもにとっては保護者のサポートが大切です。学校でできることもあれば、保護者のサポートが必要なこともあります。

　学校と保護者のどちらか一方に責任があるのではなく、学校と保護者が共通する目標を立てることで、具体的なアプローチを考えやすくなります。たとえば、登校時の身支度を自分で済ませることを目標にした時、帰りの会の前後に「おうちに帰ったらすること」を全体や個別で確認します。そして、帰宅後は保護者の見守りのもと、身支度を済ませてから好きな遊びをするという連携の形も考えられます。

## ☺ 具体的な対処方法を一緒に考える機会にする

　遅刻も忘れ物も、誰でも一度は経験するのではないでしょうか。遅刻や忘れ物をした子どもはきっと「やってしまった」と心の中で反省しています。それに追い打ちをかけるように、「また忘れたの？」と声を掛けられたら、ショックは2倍になるはずです。

　ある子の遅刻や忘れ物が多いという状況が気になる場合は、「具体的な対処方法を一緒に考える」という視点から言葉かけをすることが大切です。たとえば、「また忘れたの？」という言葉かけではなく、「持ち物がなくて困った時は、まずは先生に言ってね」と伝えれば、その子が安心して教師に相談することにつながるでしょう。また、どうすれば忘れ物をせず、持ち物の準備ができるか一緒に考える場に発展するかもしれません。

# 3 身支度が進まない時は 伝え方を振り返る

### ステップ 1 基本の言葉かけ

先生と一緒にやってみようか。まずは、これ（手順カードを指差しする）。それで合っているよ。

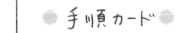

- 手順カード
- ① 提出物を出す
- ② 連絡帳を出す
- ③ 宿題を出す

### ステップ 2 アフターフォローの言葉かけ

ちゃんとカードの順番通り、自分でできたね！すごいな〜。明日も頑張ろうね。

ちゃんと提出できた！

子どもの注意が逸れて進まない場合もあれば、手順が整っていなくて試行錯誤している場合もあります。「まだ終わらないの？」ではなく、一緒に取り組み、少しずつ支援を減らしていくことが大切です。

## 😊 ゴールは自分でできること、その過程はさまざまです

　登校後の持ち物整理の目標を「自分で荷物を片付けることができる」としたとします。子どもの様子を見守りつつ、必要な時に「〇〇は机の上にあるカゴに提出してね」と言葉かけをする程度の場合もあれば、もう少し細かく数回に分けた言葉かけが必要になる場合もあります。また言葉かけに加えて、手順表を活用し、指差しで確認しながら取り組む方法もあります。「必要に応じて手順表を確認しながら、自分で持ち物整理に取り組むことができる」という評価にもつながりますので、言葉かけ＋視覚的手立ての視点で考えると、関わり方の選択肢がさらに広がります。

　また、どこに何を片付けるのかわからなくなった時など、必要に応じて自分から教師に相談することも大切な力です。終始「自分でやってごらん」ではなく、子どもが教師に相談しながら主体的に取り組む姿を目標にしたいと思います。

## 😊 事後の関わり、その積み重ねは大切に

　その子の頑張りを言葉で一緒に振り返ること（＝フィードバック）が大切です。頑張りを認め、本人の達成感につながることに加えて、「先生はあなたのことをちゃんと見ているよ」というメッセージにもなります。ちゃんと見ているから、しっかり頑張りなさいではなく、「先生はぼく（わたし）のことを見守ってくれているんだ」という安心感につながる言葉かけを大切にしたいですね。

# 4 身だしなみは ステップごとに整えよう

## ステップ 1 基本の言葉かけ

遊ぶ前に服装チェックしてみよう。
下着が出てないかな？ （手順カードを指差しする）
ハンカチは大丈夫かな？ （手順カードを指差しする）

● 身だしなみの手順カード ●

① 下着をズボンにしまう

② 上着のボタンをかける

③ ハンカチをしまう

## ステップ 2 アフターフォローの言葉かけ

自分で服装を整えることができたね。よく頑張ったよ。
（自分で身だしなみカードを手掛かりにチェックできるよう
徐々に直接的な支援を減らしていく）

自分で できるようになることを 目指そう！

身だしなみはさまざまな課題に分かれています。子どもが言葉を聞いて理解し、自分で身だしなみが整っているかどうかを確認できるように、具体的で端的な伝え方に配慮しましょう。

## ☺「身だしなみ」の課題を明らかにしておく

　一つの活動は複数の段階や課題で成り立っています。たとえば「靴を履く」ことは、①左右の靴を見分ける、②つま先を入れる、③かかとを入れる、④履き口周りを整えるなどです。

　このような考え方は「身だしなみを整える」ことでも同じです。「身だしなみを整える」と聞いて、私たちは具体的にどのような課題をイメージするでしょうか？　もしかすると、人によって違いがあるかもしれません。また、「身だしなみを整えましょう」という言葉かけだけでは十分に意識できない場合もあるでしょう。その際は、「下着をズボンに仕舞う」「上着のボタンを掛ける」など、具体的な課題がわかる言葉かけをすることで、身だしなみを整えることができます。

## ☺できたことをたくさん認め、気をつけて欲しいことは少しずつ

　子どもは注意ばかり受けていると、自信をなくしたり、課題に意識を向けて取り組もうとする姿が見られなくなってしまいます。私たち教師は子どもの良いところをたくさん見つけ、子どもと共有したり強みを活かすことに意識を向けましょう。

　身だしなみについても、子どもが自ら意識して取り組むことができるようになったのであれば、ぜひ良いところを振り返り、気をつけて欲しいことは少しずつ言葉かけをすることが大切です。

# 5 廊下を走る子とは、 一緒に教室まで歩いてみる

ステップ 1 **基本の言葉かけ**

先生と一緒に歩いて教室に行きましょう。

まずは、
隣を歩くことから
始めよう！

ステップ 2 **アフターフォローの言葉かけ**

廊下は歩くのが良いよ。
○○くんも周りの友だちも安全だよね。

適切ではない行動（廊下を勢いよく走る）を、適切な行動（廊下を歩く）に変えたい場合、まずは教師と一緒に適切な行動に取り組むことが必要です。

## ☺ 自然と適切な行動になる状況をつくる

　「廊下は歩きましょう」の言葉かけだけでは難しく、勢いよく走り、怪我などにつながってしまう恐れがある場合は、教師と一緒に廊下を歩いて教室に向かうようにしましょう。まずは「適切な行動で過ごす状況」をつくるという視点です。

　また「廊下を歩く」ことも、どのように歩くのかで段階に分けることができます。たとえば①教師の隣で教室に歩いて向かう、②教師の後から歩いて教室に向かう、③教師の前を歩いて教室に向かう…などが考えられます。

　その子の様子に応じて、目指す段階を定め、それに向かう言葉かけをしながら、実際に適切な行動を積み重ねていくことが大事です。

## ☺ その子に応じた振り返りを

　教室まで歩いて向かうことができた後の言葉かけも、いくつか考えられます。どのパターンにおいても、まずは良く取り組めたことに対する前向きな言葉かけは欠かせません。

　「次の活動の準備をしようね」と次の行動を促す場合もあれば、「歩いて教室まで行くことができて、良かったよ」と少し前向きな言葉かけをする場合もあります。

　また、目標（歩いて教室に向かう）を達成した場合には、視覚的に振り返る方法も考えられます。たとえば、スタンプカードやシートを準備しておき、適切な行動が見られた時には、言葉かけと一緒にシールを貼ります。子どもも自分の頑張りを聞いて見て振り返ることができるので、おすすめの方法です。

# 特別支援教育の魅力

　高校生の頃に特別支援学校（知的障害教育）の教員になりたいと思い、この道に進みました。その頃から「子どもの生活全般に寄り添うことができること」が特別支援教育の魅力の一つであると思っていましたし、今でもそのように考えています。そのようなことから、ここでは特別支援教育の魅力について、私なりの考えを少し説明したいと思います。

　特別支援教育は、児童生徒一人ひとりの自立や社会参加に向けて必要な力を養うために指導や支援を行う学びの場です。またそこには、児童生徒一人ひとりの学び方を尊重し、教員が寄り添おうとする価値観が醸成されています。これは、長い歴史の中で継承されてきた教育文化であり、これからも変わることなく次に繋いでいきたいものの一つです。

　インクルーシブ教育システムの推進に伴い、特別支援教育の重要性がさらに高まっています。幼稚園や小学校、特別支援学級や通常の学級など多様な学びの場での実践につながる視点がたくさんあります。その一つが本書のテーマである「言葉かけ」です。子どもに寄り添い、子どもの背中をそっと支えたり後押ししたりする言葉を大切にしています。これらは特別な支援ではなく、誰にとっても安心できる、また次も頑張ろうと思えることにつながる言葉かけだと思います。

# 第**2**章

## 学校生活の基本をつくる！
# 集団生活の言葉かけ

# **1** 嫌なことを自ら言えるように 助け船を出す

**ステップ 1** **基本の言葉かけ**

ちょっと先生のお仕事を手伝ってもらっていい？

**ステップ 2** **アフターフォローの言葉かけ**

ありがとう。とても助かったよ。1人で準備する ことが大変だったから、お願いして良かったよ。

それぞれ得意・好きがあるように、苦手・嫌いもあります。自分の気持ちを我慢して周りに合わせようとしている、そんな子を見ると心配になりますが、さりげないひと言で切り替えさせてあげましょう。

## ☺「苦手」への対処方法を身につける

　いきなり「無理に我慢しなくて良いんだよ」と言葉かけするよりも、まずはさり気なく自然な状況をつくり、その場から離してあげることも一つの方法です。我慢して過ごす状況から、違う場面に切り替え、そこで誰かの役に立つことや、リラックスして過ごせることを経験できるようにしましょう。その経験の積み重ねの先に、自分なりの思いを伝えようとしたり伝える姿につながっていきます。

　私たち大人も、苦手な状況をたくさん経験してきたと思います。最初から自分の気持ちをストレートに言えれば良いのかもしれませんが、そうすると人間関係がうまくいかなくなる場合もあります。逆に無理に我慢し過ぎると、自分自身が辛くなってしまいます。そんな時の解決策としては、その状況から空間的・心理的に離れながら、徐々に環境に慣れようとするという方法があります。この視点は、子どもとの関わり方においても大事にしたいことの一つです。

## ☺給食時間は、「苦手」と向き合う絶好の機会です！

　私が小学生の頃を振り返ると、担任の先生によって給食時の言葉かけもさまざまでした。よく覚えているのは、「残してもいいですか」と質問した時に怒らなかった先生です。「ダメです。残さず食べましょう」と言う先生だったら、自分から言い出せなかったと思います。給食時間は、自分の意思を教師に伝える練習をする絶好のチャンスにもなります。苦手な食べ物があれば、事前に「少なくしてください」と伝えることもできます。授業であっても、同じです。子どもが「はい。わかりました」だけでなく、「わかりません。教えてください」と言えるような教師の受容的な関わり方が、子どもたちのコミュニケーションの種類を豊かにしてくれるきっかけになります。

# 2 ルールは「暗黙の了解」ではなく、環境から整える

ステップ 1 **基本の言葉かけ**

並ぶ時はマークを見て、自分たちで並んでみてね。
（足形マットやミニコーンを使う）

「視覚化」と「構造化」がポイント！

足形マット

ミニコーン

ステップ 2 **アフターフォローの言葉かけ**

自分で良く見て、できたね！

「何度言ったらわかるの？」ではなく、「よく見て、よく考えて、自分でできたね！」につながるための環境調整（視覚化や構造化）が大事です。

## ☺「何度言っても聞いてくれない」時の切り替え方法

　「視覚化」や「構造化」というキーワードは、特別支援教育でも大切にしていることです。話し言葉を「段階的に・構造的に」整理して伝えることで聞き取りやすくなります。基本は端的に、間をおいて伝えることが重要です。長々と説明すれば、その分、聞き手である子どもの集中力は持続しません。イメージとしては「１、〜する。２、〜する。３、〜する。さあ、やってごらん」です。大事なことは、結果である子どもたちの姿から、私たち教師の言葉かけの内容（質や量）を振り返ることです。子どもの姿から学べば、教師の言葉かけのスキルもより豊かになります。

## ☺視覚化、構造化、そしてフィードバック

　話し言葉に加えて、文字やイラストなどで情報を補える手立てがあると、より伝わりやすくなります。そして、フィードバックも重要です。「自分でできたね」と本人の主体的な姿について言葉かけをすること、「見てできたね」とより具体的な行動も合わせてほめることで、子どもは「見る、見て理解する」ことの重要性がわかり、周囲にある手立てを進んで活用しようとする姿につながります。

　視覚化は「見える化」ともいいます。見えないもの、暗黙の了解になっていることを具体物を使って見えるようにします。たとえば「並びましょう」と言っても、どこに並ぶと良いのかわからないことや、前の人との距離が近すぎてしまうことなどがあるでしょう。その際は、ミニコーンなどで並ぶ場所を示したり、床面にテープを貼って目印を付けたりすることもできます。構造化は複雑な情報をわかりやすく、段階的に整理し支援につなげることです。両方の視点を活用していきましょう。

# 3 トラブル時こそ、コミュニケーションが教えやすい

**ステップ1** 基本の言葉かけ

どうしたの？　何があったの？
どうすれば良かったと思う？

**ステップ2** アフターフォローの言葉かけ

「ありがとう」や「どういたしまして」が伝えられる
ように、これからも一緒に考えていこうね。

友だちとのいざこざや、気持ちの切り替えに伴う癇癪など、子どもにはさまざまな課題が生じます。具体的なトラブルとして表面化した行動は、実態把握、支援方法の見直しなどを焦点化して考えます。

## ☺ 子どもが自分で振り返るためのきっかけづくり

　日々、学校ではさまざまなことが起きます。友だちと順番を巡ってのトラブルなど、友だち同士のいざこざは、余程問題が大きくないかぎり、教師の働きかけを通して人間関係を学ぶ貴重な学習機会になるとも考えられます。

　渦中にいる子どもは、自分のことを冷静に振り返ることが難しい状態です。少し落ち着いた時に、その時の状況を一緒に振り返ってみましょう。そして、また似たような状況になった際、自分はどのように振る舞うと良いのかを考えることができるよう、少し丁寧に関わってあげたいものです。「こんな時どうする？」ということを実体験をもとに、今後も起きるかもしれない状況を想定して考えることが大事です。

## ☺ しつこい関わりは NG ?!

　もし、友だちを叩いてしまった場合などは、きちんと相手に謝ることが大事です。気をつけたいのは、子どもが必要な対応（この場合は「友だちに謝る」）ができた後は、この件について、教師側があまりしつこく関わらないようにすることです。教師自身も、必要な切替えをすることで、前向きな解決につながります。

　また、友だちに助けてもらった場合は、相手にお礼を伝えることも丁寧に行いたいものです。「ありがとう」「どういたしまして」のひと言がスッと言えるように、背中を押しましょう。ただ、私たち教師が見ていない、何気ない時ほど、子どもたちは相互に助け合いながら、活動や遊びに取り組んでいます。あくまでも、友だち関係を良好なものにするための教師の働きかけとして、踏み込みすぎず、その時々に応じた言葉かけを実践することが大切です。

# 4 人前で固まってしまう時の言葉かけ

ステップ 1 **基本の言葉かけ**

どこまで取り組めそう？
でも、無理はしないでね。

ステップ 2 **アフターフォローの言葉かけ**

（ほど良い距離で寄り添いながら）
緊張する場面だけど、とっても頑張れたね！

保護者の前での発表会など、人前での活動では、張り切る子もいれば、緊張しやすい子もいるなど、さまざまです。教師は、その子の何を大事にしたいかを考え、子どもとの関わりを深めていきましょう。

## ☺ その子にとってのゴールを尊重する

　発表会などの集会行事においては、「みんなと一緒に取り組むこと」が目標ではなく、その子に応じた目標を設定することも大切です。「みんなと一緒に……」というのは、行事の活動目標ではなく、私たち教師が漠然と期待していることかもしれません。そこで一歩引いて、「その子にとっての活動目標は何なのか？」を考えれば自然と目指すべき方向性が見えてきます。

　たとえば子どもに「どこまで頑張ってみる？」と問いかけて一緒に考えたり、「ここまでは大丈夫そう？」と尋ねたりしながら目標を考える方法もあります。どの子もみんな、自分なりに頑張りたいと思っているはずです。「具体的に頑張ること＝個別の目標」はそれぞれ異なるので、その子が安心して、活動を楽しめる環境を調整するようにしたいです。

## ☺ 保護者にも意図を伝えておこう！

　普段、保護者とは、支援方針や個別の目標などについて話をする機会が少ないかもしれません。でも、特に保護者参観型の発表行事などの場合は、その子の姿をどのように受け止め、どのような姿を期待しているかなどを共有することがその子の前向きな育ちを支えます。

　たとえば保護者と話をする時は、その子の苦手な部分にばかりフォーカスしてはいけません。「最初は緊張が強かったようなのですが、友だちと一緒に活動を繰り返す中で、自分に自信をもって取り組むようになっています」など、これまでの頑張りを共有しましょう。そして「発表会ではもっと緊張すると思います。でもこれまでも一生懸命頑張ってきたので、一緒に見守ってあげてくださいね」などと伝えることで、保護者も教師の姿勢に安心し、本人の良いところに注目してくれるはずです。

# 5 騒がしい時の収め方とフォロー

**ステップ 1** クラス全員の前での言葉かけ

（準備ができている子どもに対して）
Ａさん、授業の準備ができていて良いね。

**ステップ 2** 個別的な言葉かけ

（授業への切り替えが難しい子どもに対して）
Ｂさん、授業が始まりますよ。話を止めましょう。

休み時間から授業へ移る時は、クラス全体が落ち着いてから、授業に臨む態勢をつくります。ちょっとした言葉かけの工夫が、雰囲気を変えるカギになるのです。

## ☺ 主体的な子どもは全体の前でほめよう！

　休憩時間からパッと切り替え、授業開始時にはきちんと準備できた子どもがいたら、即座に全員の前でほめることが効果的です。また、黒板やホワイトボードを綺麗に仕上げてくれた日直や、係の子どもへの言葉かけも忘れずに。意外と目立たないかもしれませんが、このように、クラスの大半は授業に対して主体的に参加しようとしています。どうしてもできていないことに着目しがちですが、できていることもあると思うと、教師自身もホッとしませんか？　日々の小さな積み重ねが、始業時の主体的な姿につながるのです。

## ☺ 注意はできるかぎり個別に

　それでも、なかなか切り替えられず、騒がしい子どももいるかもしれません。全体の場で言葉かけをしても、聞ける状態でないことが多いと思います。そのような時には、その子の近くに行き、その子だけが聞こえるような声のボリュームで個別に注意を促し、切り替えるようにすることが大切です。また、担任以外の支援者が教室にいる場合は、そこで個別に支援をすることができるでしょう。教師間の役割分担や連携がいきてくる場面です。たとえば、学級担任1名と支援員1名の2名体制の場合を考えてみましょう。あくまでも学級運営の責任者は担任です。できるかぎり担任の学級経営の考え方、個別の支援の方針などを支援員と共通理解することが大切です。時には経験が豊富な支援員との関係に悩むことがあるかもしれません。その時は「この場面、どうすれば良いと思いますか？」とアドバイスを尋ねても良いですし、「私は〜したいと思うので、この時には〜してもらえませんか？」と具体的な関わり方を伝えても良いと思います。また、逆に自分はどのように関わると良いのか悩む支援員もいると思います。その時は、担任に確認したり相談したりしながら、チームとして学級運営に携わることが大切です。

# 6 周囲の音に敏感な子には、具体的な方針を

### ステップ 1 大きな音がした時の言葉かけ

びっくりしたね。耳栓もあるけど、付けてみる?

### ステップ 2 アフターフォローの言葉かけ

(トントンと軽く触れてから)
Aさん、もう大きな音はしないから、大丈夫だよ。

突然大きな音がすれば誰でも驚きます。まして音の刺激に敏感な子どもは、想像以上に驚き、不安な気持ちになるはずです。ツールも使って安心できるようにしましょう。

## ☺ 環境調整を支えるさまざまなアイテム

その子が安心して学校生活を送れるように、環境を調整することが重要です。ここでの環境は、大きな施設設備の調整ではなく、たとえば耳栓のような音刺激を軽減する手立てを準備することです。近年、さまざまな耳栓が開発され、管理・装着の両面で扱いやすい物も多くなりました。

場合によっては、その子が安心して授業に取り組むことができる道具を保護者と一緒に考えることも大切です。これは決して特別扱いではなく、少しの工夫でその子が安心して授業に参加できるのであれば、必要な配慮になります。また保護者との具体的な連携にあたっては、独りで抱えず、特別支援教育コーディネーターや学年全体で相談しながら進めてみてください。

## ☺ 手立ての使い方も決めておこう!

大きな音、苦手な音、騒々しさなど、いつ起こるかわかりません。子ども自身が状況に応じて柔軟に活用できるよう、たとえば準備した耳栓をどこで管理するのかも含めて、計画的に準備しましょう。本人のかばんに入れておく、先生が持っておく、などを決めておくのです。そうすれば、本人・家庭・学校がそれぞれ前向きに活用することができます。「ちょっと我慢すれば大丈夫」というような本人に我慢を求める方法ではなく、本人が手立てを活用しながら過ごせるよう考えたいものです。

音刺激を受けた後は、不安や心配な気持ちが強まります。「もう大丈夫だよ」と優しく伝え、本人のペースに沿って気持ちを落ち着かせてから、再び活動に切り替えられるよう配慮していきましょう。

# 7 「みんなで食べる」ではなく 「安心して食べる」がゴール

**ステップ1** 基本の言葉かけ

今日は教室で食べられそう?
どこなら大丈夫かな?

**ステップ2** アフターフォローの言葉かけ

ちゃんと(伝えてくれた場所で)食べられたね。
また教えてね。

安心して
食べられる場所を
柔軟に考えよう

昼食時、みんなと向き合って食べることに抵抗感を示す子どもがいます。教師は「みんなで食べること」や「食べる場所」にこだわってしまいがちですが、本当の目的はそこなのでしょうか。

## ☺ 本当に大事な目標設定は何なのだろう？

　食事場面の目標を細かく見ると、一人ひとりの目標が異なる場合があります。私たち教師は、みんなと一緒に食べることを期待する場合がありますが、「個別の目標設定」について考えていくと、必ずしも「みんなと一緒」が必要でないことに気づくかもしれません。

　たとえば、「複数の選択肢の中から、昼食場所を選び、教師に伝える」という目標にすれば、教師も子どもも食事に対して具体的に取り組みやすくなります。その際は、教師が準備した選択肢であることもポイントです。子どもの好きな場所ではなく、指導上安全管理ができる場所を基準に選択肢を用意することで、万が一の事故を防ぐことにもつながります。学級担任 1 名で管理できる場所もあれば、複数人体制だからこそ確保できる場所もあると思います。その際はチームとして考えてみてください。

## ☺ 食事を楽しむこと、安心して食事できることを根底に

　教師は教育的に関わろうという思いから、無意識にでも「食事場所」に注意が向いてしまうかもしれません。そこに意識が向き過ぎて、教師も子どもも苦しくなってしまうのでは、本末転倒です。あくまでも、食の楽しさを感じること、安心して食事できることが考え方の根底にあれば、支援や指導の方向性はより柔軟に広がるはずです。

# 8 マナーの目標は具体的に示し、保護者と連携する

## ステップ 1 基本の言葉かけ

片方の手で、お皿を支えて食べようね。

## ステップ 2 アフターフォローの言葉かけ

そう。それで良いんだよ。素敵だね。

学校における日常生活（着替え・身支度・食事・排泄など）の機会は限られています。限られているからこそ、具体的な目標を設定することで、本人の積み重ねを捉えやすくなります。

## ☺ 注意ではなく、具体的な行動を言葉かけに落とし込もう！

たとえば食事場面を想定します。子どもの姿を見て「お箸の持ち方が難しそう」「姿勢が崩れているな」など、さまざまなことに気づくと思います。そのような時には、一度間をおいて、目標とする行動につながる言葉かけに変えることが大切です。「お皿を持って、手を添えて食べようね」「口に食べ物が入っている時は、よく噛んで、飲み込んでからお話ししようね」など、目標がハッキリ伝わるような言葉選びを心掛けていきましょう。

「お皿の持ち方が変だよ」「食べながら話すのは止めなさい」と伝えるより、ポジティブな響きをもっている言葉かけが大事です。

このような言葉の転換があることで、子どもにとっては何をどうすれば良いのかがわかりやすくなるし、教師の捉え方も前向きになります。「指導・支援をしなければ……」となる前に、楽しい時間を過ごそうとすると、気持ちにゆとりが生まれるはずです。

## ☺ 本人の頑張りを一度きりにしないために

日常生活の機会は、学校よりも、家庭で行うことのほうが多いこともあります。家庭での積み重ねに委ねるのではなく、その子の頑張りを家庭と共有し、家庭でもできる範囲で取り組んでもらえるよう連携を図ることが大切です。たとえば、家庭での食事中、テレビがつけっぱなしであれば、子どもの注意はどうしてもそちらに向いてしまいます。「落ち着いて食べることができるように、食事が終わったらテレビをつけるようにする」など、本人が進んで臨めるような環境にすることも一つの方法です。しかし、学校同様に家庭の状況もさまざまです。あまり無理することなく、まずは学校での積み重ねを大事にしましょう。子どもの頑張りに対して丁寧にほめていき、前向きな姿を本人と共有することに取り組んで欲しいと思います。

# 9 「早く食べること」を目標にしない

ステップ 1
**基本の言葉かけ**

食べる量を相談したいときは、
準備の時に先生に相談してね。

ステップ 2
**応用の言葉かけ**

給食の時間は、焦らずよく噛んで食べようね。

よく噛むと、お腹が痛くならないんだ・・・！

そうか！

時間を意識し、食事することは大切です。ただ、単に「早く食べて」と言葉かけするのではなく、その言葉の背景にある意図を考え、子どもが実現できる範囲の中で、少しずつステップアップしていきましょう。

## ☺ 保護者と相談し、食事量の調整も柔軟に

　子どもによって一度の食事量は、異なります。成長期の子どもにとって、食事は大事な場面。そんな食事場面が、本人にとって苦にならないようにすることが必要です。「食べられた！」という達成感や満足感を感じることができるよう、食事量を事前に調整しても良いでしょう。その際は、実態を把握し、指導方針等をある程度明確にしたうえで、保護者と合意形成を図り、無理なく進めるようにして欲しいと思います。

　また、盛り付け時は食べきれる量にしておいて、もう少し食べられると思ったら、「おかわりくださいって言えば大丈夫だよ」と言葉かけすることもできます。子どもが焦らず無理せず食べられる環境は、こういった関わりをするだけで、自然にできあがっていくことでしょう。

## ☺ 周囲のペースに無理して合わせようとする子

　時々、周りのペースに合わせて食べようとして、焦ってしまう子もいます。「食後に友だちと一緒に遊びたい」「好きな遊びができるように、早く食べ終わりたい」など理由はさまざまですが、焦らず、よく噛んで食べることを大事にさせたいところです。なぜ、「よく噛んで食べることが大切なのか」を簡単に説明すれば、子どもも納得して意識して食事に取り組むことができるかもしれません。

　たとえば食事前などに「よく噛んで食べると、消化も良いから、お腹が痛くなりにくいよね」や「1口○回は噛めると良いね」など、具体的に話すことで子どもにもより伝わりやすくなります。

# 10 苦手な食材がある子には、家庭での様子の把握から

ステップ1 **基本の言葉かけ**

今日は、これくらい挑戦してみる？　どうする？

今日は、昨日よりもたくさん食べられそう！

ステップ2 **アフターフォローの言葉かけ**

前よりも食べられるようになったね。これからも無理なく食べようね。でも、無理な時はちゃんと言ってね。

負担のない範囲で、食べ物の量・種類を増やしていこう！

ごちそうさまでした！

食べることはできるけれども、食感や味に苦手さがある場合もあるでしょう。本人や保護者の思いとして、苦手な食べ物にも挑戦したいという場合は、スモールステップで取り組むようにしましょう。

## ☺ 達成感を味わったら、自分で目標を決めてみよう

　「食べられた！」という達成感があると、子どもも自分の目標に向かって楽しく取り組むことができます。もし可能であれば、「自分で目標を決めて取り組む」ということもできます。ただ、子どもによっては少し無理な目標を設定する場合もありますので、教師の見極めが欠かせません。

　達成可能な目標から、徐々に難易度を上げていき、スモールステップで食べ物の量や種類を広げるようにします。小さな達成感の積み重ねが、継続的に取り組むためのカギになります。

　また、保護者との情報共有は、学校ではわからなかったことを知るきっかけにもなります。食事等の日常生活こそ、保護者とお互い情報を共有して、進めていくようにしましょう。

## ☺ 頑張り過ぎてしまう子にはどうする？

　期待に応えようと、苦手なことにも頑張り過ぎてしまう子もいます。ですから、食事や集団活動の参加などは、特に意識して様子を見守るようにしましょう。そのためには、初めのうちは特に保護者との情報共有が必須。「今日、学校で○○に取り組んだのですが、その後家庭ではどのような様子ですか？」など、保護者にも無理のない方法で連携するようにしましょう。

　その際、保護者が「子どもが『学校では食べてるよ』と言うのですが、家では全く食べません」と教えてくれることがあるかもしれません。その場合は、学校と同じように家庭でも取り組むことを求めるではなく、そういうこともあるとして、あまり保護者の負担にならないように伝えることが大切です。たとえば「そんなこともありますよね。学校で頑張っているので安心してください。おうちでは楽しく食事できることが一番です」などと伝えると、きっと保護者も安心するのではないでしょうか。

# 教材づくり

　特別支援学校（知的障害教育）では、児童生徒の障害の特性等から学習内容や教材開発など、学級担任が計画から評価改善までの一連を行うことが多くあります。授業の充実のためには教材づくりが欠かせません。また教材は授業全般に関するものから、児童生徒一人ひとりの教育的ニーズに応じて配慮された教材までさまざまです。

　授業だけでなく、学校生活全体を通してたくさんの教材を作っています。たとえば1日の時間割（1時間目〇〇、2時間目□□…など）が教室に提示されている場面をイメージしてください。1時間目を迎えるまでにどのような課題があるでしょうか。また、1時間目と2時間目の間には何を済ませておかないといけないでしょうか。児童生徒の中には障害の特性等から、学級全体に提示された時間割だけでは見通しが持ちにくい場合もあります。そのような時には、個別により細分化したスケジュールカードを準備するなど、教材を追加することもあります。

　私たち教員が多様であるように、色使いや表示の仕方など教材も多様です。教材に優劣はありません。大事なことは教材の活用を通して児童生徒が目標にどのように取り組むことができたのか（＝結果）です。目標が達成されたのであればその教材を次も活用すれば良いし、あまり目標が達成できないようであれば教材も含めて指導支援を見直してみるという、PDCAの視点が欠かせません。

# 第3章

## 社会的スキルを育てる！

# コミュニケーションの言葉かけ

# 1 困った時に固まってしまう子への言葉かけ

## ステップ 1 基本の言葉かけ

〇さん、大丈夫?　一緒にやってみようか?

## ステップ 2 アフターフォローの言葉かけ

困ったことがあったら、遠慮しないで相談してね。
その時は一緒にやってみよう!

まずは、乗り越えさせようと「見守る」のではなく、「寄り添う」ことが大切です。自分の身に置き換えて考えれば、具体的な寄り添い方も思い浮かんでくるはずです。ぜひ考えてみましょう。

## ☺困った状況をさらに苦しい状況にしない

　私たち教師は、子どもたちに対してどのような願いをもっているでしょうか。さまざまな願いがあると思いますが、たとえばその中の一つが「困難な状況を乗り越える力を身につける」だったとします。しかし、「困難を『一人で』乗り越える力を身につける」という願いは、見直したほうが良いでしょう。私たち教師も大なり小なりさまざまな困難な状況に直面してきたはずです。それを乗り越えたり、迂回したりして来れたのは、周りのサポートがあったからではないでしょうか。ですから、困った時に自分から周囲に援助を求めることが難しい子どもがいた時には、教師は一緒に考える姿勢が必要です。寄り添いながら、子どもが経験を重ねることを第一に考えて、言葉かけをして欲しいと思います。

## ☺困った時に誰かに頼る経験を通して、自信を深める！

　一つひとつ乗り越えたという経験を通して、その子が自信を深めていくことを大切にしたいです。自信を育むことで、より主体的な姿につながる……というように考えているからです。その際、大事にしたいことがいくつかあります。

　念頭においておきたいのが、「一人で取り組むことばかりが、自信を深めるわけではない」ということです。周囲から助けられた経験、周囲と協力しながら物事に取り組んだ経験など、「誰かと一緒にできた」経験は自信につながるのです。

　そして、困った時に自分から周囲に助けを求められるようになるには、まずは周囲の援助を受ける経験が必要です。「困った時も人人大。なぜなら友だちや先生と一緒に乗り越えられるから……」という安心感が大事なのです。

# 2 手が出やすい子には、事前に言葉かけを

**ステップ1** 基本の言葉かけ

（友だちと遊具の順番を巡っていざこざ）
大丈夫？　何があったの？

**ステップ2** アフターフォローの言葉かけ

どうすれば良いのか考えて、友だちと話し合ってみよう。それでも難しい時は先生に相談をしてね。

「手が出る」のは一つの行動の「結果」です。手が出ることにつながる、その前の行動にも目を向けましょう。手を出してしまう前の段階で、どのように働きかけるかがポイントです。

## ☺「見えないルール」には、具体的なルールを

　なぜ手が出るのか、手が出そうになったのか。その状況を整理することで、どの段階でどのような言葉かけをすれば良いのか、見えてきます。手を出してしまった後の対応は、特に状況を整理し、必要な環境調整を講じることが大事です。

　もし、手が出そうになるくらいヒートアップしている場面に遭遇したら、間に入り、お互いに考えていることや伝えたいことを聞きとり、整理してあげることが大切です。順番など、その場の「見えないルール」が原因になっている場合は、教師が明確な解決策を提案し、そのルールに沿って取り組むようにしましょう。

## ☺「手を出す」以外の選択肢を伝えていますか？

　もちろん、周囲に危険が及ぶくらい激しい行動の場合は、支援体制を組んだ組織的な対応が必要です。ここでは、あくまで教師が対応できる範囲でのケースを想定しています。手が出る行動は、あくまでもその子の行動の種類の一つです。ここでは、「手を出す」以外の方法を身につける必要があるということです。自分の思いをうまく言葉で伝えられない、もしくは手っ取り早く自分の思いを伝える手段として、手が出ることにつながっている場合に、どのような行動を身につけて欲しいかを伝え、実践していくようにしましょう。

　「友だちと話し合う」「先生にお願いする」「○○する」「▲▲する」など、「手を出す」以外の選択肢はたくさんあります。友だちと話し合う方法も、「いつになったら僕が遊んでいいの？」と確認することや「あと10回やったら交代しようよ」と提案するなど、さまざまな伝え方があります。またこれら以外にも、「並んでいる人がいた時は10回ずつ交代して遊びましょう」と事前にルールを伝えたり、遊具の近くに紙を貼ったりすることもできます。

# 3 自己表現は、前向きな振り返りの共有からはじめる

**ステップ1** 活動を振り返る時の言葉かけ

今日の活動を振り返ってみて、どう思ったかな?
(と言って、選択肢のカードを示す)

気持ちの共有ができる教材を用意しよう!

**ステップ2** アフターフォローの言葉かけ

なるほど。よく振り返りができたね。
次に頑張ってみたいことはある?

緊張する子やどのように表現すれば良いのかわからない子など、子どもの表現の実態はさまざま。とにかく「自分の気持ちを伝えることができて良かった、頑張った」という感情を生み出す機会にしましょう。

## ☺ 選択肢カードを使って、前向きな振り返りに！

　「今日の活動を振り返って、どう思った？」と言われて、具体的に自分の活動を振り返ることができる子どももいれば、答えに悩み「楽しかった」で終わってしまう子どももいます。一人ひとりの伝え方を尊重することが前提ですが、もう少し気持ちを引き出してみたいな……と思う場合は、具体的な手立てを考えることが大事です。

　たとえば、先生が「今日の活動を振り返ってみよう」と言って、選択肢（◎・〇・△などの記号が書いてあるカード）を提示することも考えられます。記号でもイラストでも何でも大丈夫です。ただ気をつけたいことはネガティブな評価はできるかぎり避けるということです。「×」や「0（ゼロ）」などの選択肢は要りません。自分の活動を振り返ったり、表現することを目標にして要るのであれば、ネガティブな評価は不要です。まずはその子に「しっかり伝えることができたね」とフィードバックできることを大切にしましょう。

## ☺ 視覚的な手立てで、次につながる活動を

　活動の前向きな振り返りに加えて、反省点や改善点なども考えて欲しい場合もあるでしょう。その際は選択肢の提示に加えて、「次はどんなことにチャレンジしたいですか？」という質問や文章があることで、子どももより具体的に考えることができます。活動をイメージしやすいカードや「丁寧に」「正確に」「困った時は相談する」などの言葉カードを用意するなど、視覚的な手立ても有効です。

　ぜひ、教師がその子にどのようなことを望むのか、教師の思いから具体的で次につながる振り返り活動を設定していきましょう。

# 4 制作活動など一人で過ごすことが多い子への言葉かけ

ステップ 1 **基本の言葉かけ**

ここはどうやって作ったの？　教えてくれる？

ステップ 2 **応用の言葉かけ**

とても工夫して作ってるんだね。
最後、みんなの前で発表してもらってもいいかな？

友だちとの関わりが少なく、いつも一人で作業している子。黙々と集中して取り組んでいるのか、友だちとの関わりに支援を要するのか、まずはその子の実態を把握しましょう。

## ☺ 本当に教師の関わりが必要？

　どれくらい一人で過ごしているのか、思い込みではなく、客観的に観察してみましょう。もしかすると、ところどころで友だちと関わりながら過ごしているのかもしれません。休憩時間であれば、ちょっと一人で落ち着ける時間を過ごしているのかもしれません。また、ある教師から見ると気になることでも、他の教師にはそれほど気にならない場合もあります。まずは、気になる場面の様子を、可能な範囲で整理することから始めましょう。

　もしそこに、関わりのニーズを感じた際には、指導的に関わるのではなく、同じ活動を共有することを一番に言葉かけをします。子どもも、自分の作品の良さに気づき、一緒に楽しんでくれる人がいることがわかると、より一層、活動が楽しくなるのではないでしょうか。

## ☺ クラス全体で活動・作品を共有する

　子どもと教師の一対一の中で活動を共有し、そこから少し共有の範囲を広げていくなど、どこまで関わりを広げるのか、よく考えてから、実践してみることが大切です。ぜひ、実践後、教師自身が子どもの姿をもとに振り返り、今後の関わりに活かしていただければと思います。

　たとえば授業の場合、せっかく集中して制作した作品であれば、可能な範囲で、みんなの前で作品紹介をすることも良いと思います。その時は、その子一人ではなく、クラスを代表して複数人の子どもを指名するなど、クラス全体に視線を向けることが大切です。みんなで互いの作品を前向きに共有することで、クラスには受容的な雰囲気が醸し出されるはずです。

# 5 力の加減が難しい子には、教師から働きかける

### ステップ 1 　基本の言葉かけ

先生と一緒にやってみようか?

### ステップ 2 　アフターフォローの言葉かけ

そう。それくらいで大丈夫だよ。いいね!

力の加減が難しい子には、何かしらの失敗につながる前に教師の具体的な関わりが必要です。活動に一緒に取り組む中で、その子に合った調整の仕方を見つけていくようにしましょう。

## ☺「不器用＝努力不足」ではありません！

　動きの不器用さについては、ちょうど良い加減がわかることでその後はうまく取り組める場合もあれば、身体・運動・発達の面で何かしらの支援を要している場合もあります。いずれも、本人の努力不足ではなく、周囲のサポートが必要なので、言葉かけやフォローなどをすることが大切です。「先生と一緒にやってみようか？」と尋ね、よくわかるように見本をゆっくり示してから取り組むようにしたり、子どもが自分で取り組めそうな課題に調整したりすることが考えられます。たとえば、縄跳びは最初から自分で縄を回しながら跳ぶのではなく、地面に這わせた縄を跨ぐことから始めるといった方法もありますよね。また、ハサミで切る時には、いきなり長い直線ではなく、最初は１回の操作でチョキンと切ればできる課題にすることもできます。その子ができそうなステップを踏んで課題を少しずつ積み重ねていけると良いですね。

　失敗の積み重ねが原因で自信がなくなり活動が嫌になるのではなく、活動の楽しさや面白さ、または達成感を得るための関わりを考えてみましょう。

## ☺ その子に合った教材教具が子どもの力を伸ばす

　教師と一緒に取り組む中で、コツを掴み、次第に自分一人で取り組むことができるようになることもあれば、ハサミやのりなどの教材教具を変えることで取り組みやすくなる場合もあります。教師の柔軟な姿勢が求められます。

　たとえば、工作などで使用するのり。色付のスティックのりなどは、塗った箇所がわかるので、塗り過ぎなくて済みます。一方で、くるくるとスティックを回し過ぎてしまう心配がある時には、絵などで「これくらいのりが出ていれば大丈夫だよ」と見て確認できるように伝えておくと、本人もそれを手掛かりに準備することができるでしょう。

# 6 トラブルが目立つ子には、状況を具体的に振り返る

ステップ 1 **トラブルが起きた時の言葉かけ**

（状況を振り返ってみる）
いつ、どこで、どのような時に?

昼休み

校庭で

遊具の順番待ちをしているとき

どんな環境だと
トラブルが起こりやすい?

ステップ 2 **アフターフォローの言葉かけ**

（環境調整を通してスムーズに活動できた
子どもに対して）よくできたね!　いいね!

○○くんも、次の順番でできるから大丈夫だよ!

あと3周で交代しようね!

目安を子どもたちに
伝えよう!

「トラブルが目立つ＝環境とのミスマッチの可能性がある」と捉えて、本人も周りも生活しやすい環境に改善するよう考えてみましょう。具体的な関わりにつながる情報収集と整理が大切です。

## ☺ トラブルは変容がわかりやすい

　「〜ができない」「〜がむずかしい」などは大事な実態把握の一つです。特に対人関係・コミュニケーションに関しては、相手といざこざを起こしたり集団活動になかなか参加できないといったことにつながり、気がかりな観点です。

　まずは状況を振り返り、関わりを変える必要がある部分を優先的に考えましょう。安全面など、押えないといけない部分はしっかりと押えます。その後、具体的な関わり方を考えます。教師の働きかけや環境調整など、視点はさまざまです。たとえば「キックボードの順番を待てず、遊んでいる友だちから無理に取ろうとする」ということがあったとします。具体的な関わりの一つは、いつになったら自分の順番が来るのかをわかりやすくすることです。「あと3周で交代しよう」「あと2周だね」「最後だよ」などと、友だちの様子を見ながら教師が一緒に目標の数を確認してあげると、その子も友だちも交代を意識し、安心して過ごすことができます。また、スタートとゴールにコーンなどの目印を置いておくと、はじめと終わりがわかりやすくなり、見通しを持ちやすくなります。

## ☺ 「〜しない」ではなく「〜できるようにする」ために

　トラブルと聞くと、トラブルが起きないようにと「〜しない」という視点で考えることが多いのではないでしょうか。ぜひ、その先の「望ましい行動ができるようにする」という目標のために、具体的にどのような関わりが必要なのかを考えてみましょう。教師からの何の関わりもない状況で「一人で取り組む」ということがすべてではなく、子どもが安心してその子らしく課題に向き合ったり体験を積み重ねたりできるために必要な言葉かけ（助言、応援など）は何かを振り返ります。

　そして、子どもが少しでも望ましい行動ができた時には、しっかり丁寧にフィードバックすることをセットで取り組んでいきましょう。

## 7 友だちに過剰な援助をする子には、「目安」を伝える

### ステップ1 基本の言葉かけ

Bさんも「自分でやってみたい」と
思う時もあるかもしれないから、
はじめに「手伝おうか?」と聞いてみてね。

### ステップ2 アフターフォローの言葉かけ

よくできたね。ありがとう。
どこまで手伝えば良いかわからなくなったら、
ここまでで大丈夫?　って尋ねてみてね。

友だちの様子に気づき、進んで手伝おうとする姿は素敵です。その
まま見守る場合もあれば、少し調整が必要な場合もあります。その子
の姿を肯定的に受け止めつつ、目安を伝えるようにしてみましょう。

## ☺ まず、友だちに尋ねてみることも大切なスキル

　私たち大人も、普段から「手伝いますか？」「大丈夫ですか？」などの
やりとりを行います。「お願いします」と言われれば手伝いますし、「大
丈夫です」と言われればそのままです。それは、子どもの間でも同じです。
友だちの様子に気づき、進んで手伝おうとしてくれる子どもの姿を前向
きに捉えつつ、その際に必要なスキルを学ぶ機会として働きかけること
が大事です。つまり、「手伝うこと」を当たり前として指導するのではな
く、「手伝おうか？」というやりとりを教えることが必要なのです。もち
ろん、手伝いたい側の気持ちをないがしろにしないように、ステップ1
の言葉かけをするときは、「手伝ってくれてありがとう。一つお願いがあ
るのだけど……」と切り出し、感謝の気持ちも伝えていきましょう。

## ☺ 無理をしていないか確かめよう

　友だちのことを手伝った子どもにとっては、「手伝ってあげた」「役立
つことができた」という前向きな経験が残ります。友だちに手伝っても
らった子どもにとっては、「友だちのおかげで、うまくできた」「手伝っ
てもらいながら、自分でできた」という貴重な経験を得ることができます。
　ただ気をつけないといけないのは、本当にその子がただただ親切な気
持ちで手伝おうとしてくれたのかどうかということです。「本当は自分
の好きな過ごし方をしたかったのに、無理をして手伝ってくれたのか
な？」「周囲の期待に応えようと無理してないかな？」など、少し振り
返りその子の気持ちの背景をよく考えるようになりました。そんな時に
使うのが、ステップ2の言葉かけです。
　みんなの気持ちを受け止めつつ、お互いにとって心地よく、過ごしや
すい時間になるよう、柔軟な関わり方を心掛けたいと思います。

# 8 話続けてしまう子には タイミングを示す

**ステップ1** 基本の言葉かけ

なるほど〜。
じゃあ、次はBさんの話も聞いてみようよ。

**ステップ2** 応用の言葉かけ

（Bさんの話を聞き終わって……）
今の話を聞いて、Aさんはどう思った？

教師がしっかり話を聞いてあげる時間もあれば、子どもが相手の話を聞く時間を経験することも必要。子どもが他者との関わりを覚えて行く中で、どのような働きかけが良いのか見極めましょう。

## ☺ ファリシテーターとして会話を進めること

　子どもたちは、自分の話を聞いてもらえることは嬉しいと感じるものです。加減を調整しながら、教師はファシリテーター役として、会話の主役をほかの子どもに渡すつなぐ役になることが大切です。

　もし、子どもと教師が一対一で会話をするときには、子どもの話をじっくり聞いてあげても良いし、「先生の話も聞いてよ」などと言って、相手（教師）の話を聞く時間を確保することがあって良いと思います。

## ☺「加減」や「タイミング」を示す

　会話を楽しみ、「聞いてもらった」という充足感を感じることは、その子の気持ちを支える大切な活動です。気をつけて欲しいのは、「話続けてしまうこと」自体を課題として捉えること。そして「話続けないようにすること」を目標にしないことです。「話続けてしまうことが多い」という実態は、教師の指導支援が必要なところです。「その加減（どこまで話すことがちょうど良いのか）が理解しにくい」のかもしれません。そこで、加減を調整するための言葉かけが大切になるのです。

　教師が「Bさんの話も聞いてみようよ」と伝えることで、「ここまで」ということを示すことができますし、タイミングを学ぶきっかけにもなります。

　また、場合によっては、話すことに加えて、「相手の話を聞くこと」に関する目標設定も考えられます。「相手の話を聞いて、感想を伝えることができる」などの目標を設定することで、会話の幅がグッと広がります。頭ごなしに「ほかの子の話も聞きなさい」と諭すのではなく、「話す」という流れの中で「聞く」というアクションを自然に促すと、新たなコミュニケーションの方法がわかることでしょう。

# 9　順序立てて話してほしい時の関わり方

**ステップ 1** **基本の言葉かけ**

この表を見て、
相手に伝わるように話してみよう。

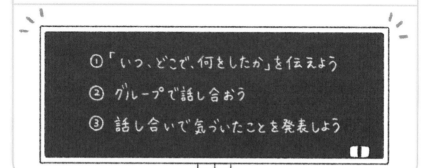

① 「いつ、どこで、何をしたか」を伝えよう
② グループで話し合おう
③ 話し合いで気づいたことを発表しよう

**ステップ 2** **応用の言葉かけ**

なるほど、とてもわかりやすかったね。
今の話について質問がある人はいるかな?

3年1組　テーマ「○○○」

「いつ、どこで、何をした」などの簡単な話型に沿って話す経験を
つくります。場合によっては視覚的に話型を提示しながら、うまく伝
えることができるような関わり方を考えるようにしましょう。

## ☺「いつ」「どこで」「何をした」

　子どもたちに「相手を意識して話すこと」を目標の一つとして指導支
援する際には、「話が伝わりやすくなるポイント」を事前に伝えるよう
にしましょう。たとえば「では、○○さんに発表してもらいましょう」
と言っていきなり指名するのではなく、初めに「いつ」「どこで」「何を
した」について、一つひとつ整理してからみんなの前で発表するという
取り組み方もあります。

## ☺うまく伝えることができた経験が大事！

　集団活動で発表する場面があれば、聞き手の反応を感じる機会を設定
しても良いと思います。その際は、うまく発表できるよう準備してから
臨むようにしてください。失敗経験よりも、成功経験から得られるもの
のほうが遥かに有益です。うまく発表するためには、教師のアシストも
重要です。たとえば、グループで話し合ったことを発表する時。グルー
プ活動の途中で「○分になったら、話し合ったことを発表してもらいま
す」「発表する時には、①グループでまとめた考え、②話し合いで自分
が気づいたことを発表してもらいます」と伝えておけば、事前に準備を
することができます。安心して準備できるので、実際の発表場面でも落
ち着いて取り組めるはずです。
　発表が終わったら、「わかりやすい発表だったね」とほめながら、「質
問がある人はいるかな？」と聞き手の子どもたちの反応を引き出します。
ほかの子どもたちからの反応や質問で、発表者の子も手応えを感じるで
しょう。また質問が出なかった時は、教師から質問してあげたり、「と
てもわかりやすい発表で、みんなによく伝わったね」とフォローしてあ
げても良いでしょう。

# 環境づくり

教室や学習の環境づくりについてどのような視点があるのかを考えるとき、大きく３つの視点があるのではないでしょうか。それは「視覚化」「構造化」「共有化」です。

暗黙のルール、口頭の指示や説明など見えないもの・見えにくいものを「見える化」することです。「あとちょっとで終わろうね」ではなく、時計やタイマーを使いながら「長い針が〇になったら終わりだよ」などと伝えることで、見通しが持ちやすくなります。また教師もその次の言葉かけをより具体的にしやすくなります。

教室環境全体の構造化もありますが、ここでは机上環境をイメージしてみてください。机の上が散らかっていては、学習活動にスムーズに取り組むことが難しいものです。たとえば「今は机の上には、筆箱とノートの２つを出してね」と言葉かけをすることで子ども自身が机上を整え、より円滑に課題に取り組みやすくなることが期待できます。

学校は集団生活の場でもあります。友だち同士で協力したり相手の良さに注目したりする場の工夫も大切です。一緒に係活動に取り組む中で、「ありがとう」「どういたしまして」など、言葉を掛け合う場を積み重ねていくことで、良好な友だち関係や過ごしやすい学級の雰囲気につながる一助になります。

# 第4章

## やる気を伸ばす！

# 感情面をサポートする言葉かけ

次は○○ができるようになりたい！

# 困り事をスルーする子への言葉かけ

### ステップ 1 　基本の言葉かけ

〇さん、頑張っているね。
大丈夫？　何か手伝うことある？

### ステップ 2 　アフターフォローの言葉かけ

困ったり気になったりしたことがあったら、
先生に教えてくれて大丈夫だからね。

教師の見守りの中で のびのび学習できる！

「困っている時に助けてもらえた」という経験が大切です。最初から「手伝ってください」を引き出すのではなく、経験の先に自分から相手に伝えることができるように見通しをもつようにしましょう。

## ☺ 本人が「困った」と感じていない場合もある

教師が「困っているのかな？」と思っても、子どもはそこまで困っていない場合もあります。サポートを要するほどでもなければ、その後の様子を確認してみるなど、見極めが大事です。たとえば周りの様子をキョロキョロと見ながら、何をするのか確認しているような姿が見られたとします。最初は本人の様子を見守り、その後本人がどのような行動をしたのかまで確認することが大切です。「キョロキョロと見る」ということは本人からすると、活動内容を把握しようとする一つのスキルとも取れます。そこで「教えてあげようか」と言葉かけをすることが今のタイミングで適切な言葉かけなのかどうかははっきりとはわかりません。もう少し見守った後に課題に取り組めていれば「周りの様子を手掛かりに、自分で活動に取り組むことができた」という評価になります。一方、少し見守っていても課題に取り組む様子が見られない時は「大丈夫？」などと言葉をかけましょう。

## ☺ 「助けて」と言えるのは安心できる環境があるからこそ

コミュニケーションとして「自分から『教えてください』や『わかりません』と伝えることができる」ことも大事な目標です。自分から周囲に援助を求めることができるのは大切なスキルの一つだと思います。ただ気をつけたいのは、本人がそのような言葉を自ら伝えることができる段階であるのかどうか、今その目標を設定することが妥当なのかどうか、ということです。子どもによっては「わかりませんって言って『何でわからないの？』と注意されたらどうしよう」などと不安な思いを抱く場合があるかもしれません。はじめは、「助けてもらった・手伝ってもらった・教えてもらった」という肯定的な経験が重要だと思います。困ったら助けてもらえる環境、安心して過ごすことのできる環境であることを実感した先に、やっと「わかりません」が言える段階につながります。

# 2 失敗を前向きに捉えるための伝え方

**ステップ 1** 基本の言葉かけ

よくここまでできたね。
前より結構進んだんじゃない?

**ステップ 2** アフターフォローの言葉かけ

うまくできた部分と直したほうがよい部分を考えてみると、次のチャレンジにつながるよ。

ここは、どうしたらいいかな…?

課題があっても、すべての過程を失敗したのではなく、ある一部分を間違ってしまったと捉えれば具体的な改善につながります。ポジティブな言葉で背中を押しましょう。

## ☺ まずは、本人の前向きな姿勢をフィードバック！

　子どもが失敗して落ち込むのは、「ある課題の目標に向かって自分なりに取り組むもうとする姿勢がある」と捉えることができます。本人が失敗を実感し落ち込んでいるのですから、そこに追い打ちをかけるように、教師からもネガティブな言葉をかけるのは逆効果。ポジティブなフォローを心がけましょう。

　前向きに取り組む姿について「よく頑張ったね」といった言葉かけでも良いですし、より具体的に「この部分が特に良くなったと思うよ」などでも良いと思います。その子の以前の姿と比較して、ステップ１の言葉かけをするのも大事です。他者との比較ではなく、本人の過去の姿との比較によって、その子自身も成長を実感することができるでしょう。

　まずは、「先生はあなたの頑張りをちゃんと見ているよ」という思いを言葉に込めて伝えるようにしましょう。

## ☺ 反省点だけでなく、良かったところも振り返る

　全部がうまくいかなかったわけではありません。反省するにしても、最初は「良かった部分」を振り返ります。そして、改善が必要な部分、または次につながるポイントを考えることが大事です。

　ポイントについてわかりやすく言葉で解説してあげても良いですし、目標を見直して、少し前のステップを丁寧に取り組んでみるということも考えられます。

# 3 意欲的な子が 疲れすぎないための線引き

ステップ **1** **基本の言葉かけ**

いつも、すごいね。
でも頑張りすぎると疲れることもあるから、
その時は無理せず、先生に話をしてみてね。

ステップ **2** **アフターフォローの言葉かけ**

大丈夫？　ちょっと疲れたら休憩したり
落ち着いて過ごしたりする時間も大事だよ。

少し頑張り過ぎてしまう子がいるかもしれません。「みんなと同じように」「周りのペースに合わせなきゃ」と頑張り過ぎている場合には、自分らしく取り組むことを促しましょう。

## ☺「頑張り」と「無理」のバランス

　子どもにとっては、それほど負担感なく意欲的に取り組んでいる場合もあります。でも、教師から見ると「頑張り過ぎてないかな？」と心配になる瞬間もあるはず。意欲的に取り組むことを否定せず、「まずは何かあったら、先生に相談してみてね」といった言葉かけをすることで、教師からの「あなたの頑張りを見ているよ」「でも、無理はしないでね」というメッセージを伝えるようにしましょう。

　意欲的な子は「周囲の期待に応えたい」「周囲の役に立ちたい」というポジティブな思いをもっている場合があります。その時は、教師から「一緒に手伝ってもらってもいいかな？」など、具体的な役割をお願いすると良いでしょう。教師からのお願いを遂行し、教師に感謝されることを通して、子どもがほど良い充足感を得られるようになります。

## ☺具体的な過ごし方を教えるきっかけに

　頑張り過ぎて、疲れたりイライラしたりする子どももいます。「なぜ疲れているのだろう、なぜイライラするのだろう……」など、子ども自身その原因をあまりはっきり掴めず、困ってしまうこともあります。その時は、なぜ気持ちが不安定になっているのか、具体的にどのような過ごし方をすると良いのかを知ることができるよう、ステップ２の言葉かけをします。

　自分の今の状態に気づくこと、そしてその状態に対処するための具体的な過ごし方を身につけることは、自分らしく意欲的に物事に取り組むうえで、とても大事な一生もののスキルです。

# 4 周囲に八つ当たりする子への アプローチ

ステップ 1 **基本の言葉かけ**

Aさん、大丈夫?
ちょっとイライラしてるみたいだけど……

ステップ 2 **アフターフォローの言葉かけ**

そういう言い方では、周りの友だちも嫌な気持ちになるし、誤解されてしまうよ。
イライラした時の過ごし方を考えてみよう。

八つ当たりするのは、本人にも周囲にもマイナスな行動。本人が気がついているのか、気づいていないのかで、関わり方を変えながら対応します。前兆が見られたらすぐ言葉かけするのもポイントです。

## ☺ 今の自分の状態に気づくことから

　少し言動がきつくなり、物の扱いが雑になるなど、前兆が見られる場合は、まずは本人が今の状態に気づくことができるような言葉かけをしてみましょう。「ちょっとイライラしているみたいだけど……」と気遣いながら、話しかけることで、その後の八つ当たり具合を小さく収めることができます。客観的に見てもイライラしているように見えるよという合図を送ることで、まずは本人に気持ちの整理をしてもらおうという意図もあります。

　また、余程激しい八つ当たりでなければ、まずは場を変えて落ち着いた状況の中で言葉をかけてみます。それでも難しい場合は、クールダウンできる過ごし方を提案するというように、段階的に関わることがコツです。

## ☺ 八つ当たり以外の方法を知らないのかも？

　たとえば教師から「落ち着いてからにしましょう」と言われて、自分で落ち着く方法がわかり、それなりに過ごせる子どももいるでしょう。一方で、具体的な過ごし方が身についていなかったり、過ごし方の選択肢が少なく、困った行動につながることもあります。過ごし方に課題がある場合は、そこも併せて言葉かけをするようにしましょう。

　周囲への八つ当たりは、もちろん望ましくない行動です。でも、本人にとっては、「八つ当たり」以外の表現方法を持ち合わせていないのかもしれません。ステップ２の言葉かけのように本人の中での選択肢を増やせるような言葉かけを増やすことで、少しずつ状況が良くなるはずです。

　教師の言葉かけとして、具体的であることが大切です。「Ａの過ごし方とＢの過ごし方があるけれど、どっちが良いかな？」などと、選択肢を示しても良いですし、２択から複数種類を増やすなど、バリエーションをつけても良いと思います。

# 5 忘れ物に落ち込む子には、手立てを一緒につくる

**ステップ 1** 基本の言葉かけ

先生も忘れ物をする時もあるから、
あまり気にしないようにね。

**ステップ 2** アフターフォローの言葉かけ

持ち物を準備できるように、メモを使ったり、準
備する時間を決めたり、一緒に考えてみようか。

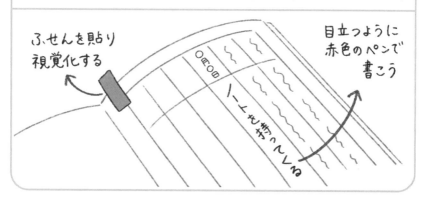

忘れ物に気づき「また忘れ物をしちゃった」と落ち込む場合は、その子本人に任せきりにせず、どんな手立てだったら忘れ物をしないか、一緒に考えてみることも一つの方法です。

## ☺「忘れ物をする自分は悪い」と強く思わないように

　忘れ物については、教師のフォローが欠かせません。子どもにとっては、忘れ物をするだけでも不安・心配になりますし、その後の活動が滞ってしまうと一層大きなストレスとなります。学習に欠かせない教材教具等であれば、忘れ物があっても良いように、予備を準備しておくなど、前もって準備されている先生が多いのではないでしょうか。そのような先生方の配慮はこれからもぜひ大事にしてください。不安感や落ち込みが激しい子には、「忘れても大丈夫」という環境が必要なのです。

　また、落ち込んだ気持ちを長引かせないような言葉かけも大事です。「また忘れたの？」と責めるのではなく、「次にどんな工夫をするかが大事だよ」など、前向きな言葉をかけるようにしましょう。

## ☺「習慣化」がカギ

　忘れ物をしないように、前日のうちに、自分で準備できるための手立てを用意しておくことも、有効です。「明日は〇〇を持ってきてね」という言葉かけだけでは忘れてしまう子には、連絡帳に書いたり、かばんの目立つところにふせんを貼ったりするなど、クラス全体や個に応じた手立てがいくつか考えられると思います。

　また、翌日の準備をする「習慣」も大事です。いつ準備するのか、ある程度習慣化されれば、本人自ら取り組む機会が増えていきます。「夕飯の前に準備しよう」「準備してからテレビを見よう」など、具体的に決めると、より取り組みやすくなります。初めから本人一人でうまくできなくても、心配することはありません。学校や家庭でサポートしながら、徐々に自分一人で取り組むようにしていくプロセスを大事にして欲しいと思います。

# 特性を理解すること・
# 子どもをみること

　障害特性を理解することは、エビデンスに基づく支援方法を考えるうえで重要です。指導者が障害を適切に理解することで、本人の努力不足など本人の問題にするのではなく、障害に起因する困難さとして課題を整理し、合理的な目標と手立てを考えることができます。

　たとえば、見て情報を捉えることが得意な児童に「何回言ったらわかるの」と否定的な言葉かけをすることは特性を理解した言葉かけとはいえません。そうではなく、「ここに書いてあるから、よく確認してごらん」と、必要に応じて自分で確かめることができるように視覚的な手立てに配慮することが大切です。

　私は上記を前提に、目の前の子どもの姿をみて、今の課題を整理し、個別の指導目標やそのための手立てを考えるようにしたいと思っています。障害特性を理解したうえで、目の前の子どもが何に困っていて、どのような教育的配慮が必要であるかを考えることが大切です。

　ここでの「みる」とは「行動観察」であり、客観的に子どもの姿を捉えることをイメージしています。たとえば、ある行動問題がいつ、どのようなときに、どれくらい起こるのかなど、観察された事実をもとに情報を整理（＝実態把握）することで、特に行動問題が起きそうな場面を想定して、そこへの具体的な手立てを講じることができます。

# 第5章

## 集中力を高める！
## 一斉活動・授業の言葉かけ

# 1

# 姿勢が崩れる場面こそ、支援の改善のヒントに

### ステップ 1 基本の言葉かけ

先生の顎のあたりを見ながら
話を聞いてね。

### ステップ 2 アフターフォローの言葉かけ

○さん、よく先生を見て、
話を聞いてくれているね

「姿勢が悪いよ、崩れているよ」ではなく、どのような姿勢であれば良いのか、具体的に伝えることが重要です。注意を促すばかりでなく、良い姿勢や態度への積極的な言葉かけをすることがポイントです。

## 😊 子どもも大人もみんな大変

　授業中、姿勢が崩れやすい子どもがいたとします。それは、子どもの意識や身体運動面の課題でしょうか。その側面もあるかもしれませんが、まずは私たち教師ができることは何かを考えてみましょう。ずっと座り続けること、ずっと集中して話を聞くことは、大人でも難しいです。話の途中で「ちょっと背伸びしてみましょう」などと言って、気持ちをリフレッシュする時間を設定するのも手です。授業時間の構成を見直し、子どもたちが主体的に活動する時間を増やすことなど、指導者・支援者として工夫できそうな点がたくさんあります。姿勢の保持も、育ちとともに伸びることが多いので、神経質にならなくても大丈夫です。授業であれば、優先すべきは授業目標ですので、姿勢の注意ではなく、授業目標に到達するための働きかけや、良い姿勢への肯定的な言葉かけがポイントです。そうすれば授業への主体的な意欲が育まれますし、何より教室の雰囲気が柔らかくなるでしょう。

## 😊 注意ではなく、良い姿勢を具体的に伝えること

　「よそ見しない」ではなく、「先生の目や顎のあたりを見ながらお話を聞いてね」など、具体的な目安を伝えることが大事です。注意ばかりでは、子どもたちが委縮したり、お互いを批判的な目で見たりしてしまうことがあるかもしれません。子どもたちにとっては、教師が身近なモデル。そんな教師の言葉かけは、クラス全体の雰囲気や子どもたちの関係にまで影響するのです。前向きな言葉かけの力は侮れません。ポジティブな言葉で子どもたちをどんどん巻き込んでいきましょう。

　「注意することが多くなってきた」と感じたときは、教師自身こそ気分転換が必要なのかもしれません。子どもたちの姿を前向きに捉えることも、私たち教師の大切なスキルの一つです。

# 2 全体指示を伝えるための「時間」と「内容」

**ステップ 1** 基本の言葉かけ

これから、〇〇について二つの話をするよ。

- ★ クラスの約束の話をします
- ★ 先生が3分間、話します
- ★ 2つの話をします

**ステップ 2** 応用の言葉かけ

さあ、ではみんなでやってみましょう。
わからない時は手を挙げて先生に教えてね。

全員が安心して学べる環境にすると、指示が伝わりやすくなる!

聞いてみようっと

さっ

全体指示・説明を伝えるための具体的な仕掛けが求められます。簡潔な言葉での説明だけでなく、板書も使うなど、「聞いてわかる、見て確認できる」工夫を心掛けましょう。

## ☺ 伝わる話し方は「話の見通し」があるかどうか

　まず、これから「何」について、「どれくらい」話をするのか、子どもに見通しを示すことが大切です。話し手である教師は、ここを意識すべきです。何かを説明しようとする時、伝えたいことや伝えないといけないことが多くなり、その分、説明も長くなってしまうことがあるかもしれませんが、はじめに見通しを伝えることで、簡潔に要点を押さえて説明しようとする意識づけにつながります。

　また、黒板などに示すことも有効です。後から見て確認できるようにしておくことで、子どもたちも安心できますし、教師にとっても「黒板を見てごらん」など、共通の手立てにすることができます。

## ☺ 良いクラス＝安心して発言できる場づくり

　説明を一度聞いただけで、100％すべてを理解して取り組めることはほぼありません。周囲の様子を見て参考にしたり、近くの友だちに尋ねてみたりしている子どもの姿を見ることもあるでしょう。この時に大事にしたいことは、「わからなかったら、先生に聞いていいよ」と事前に伝えておくことだと思います。わからない時に自分から助言を求めることは、大人でも大切です。「話を聞いていなかったら、わからないよ」と注意するのではなく、優しく受け止め、本人にわかるように段階的に伝えることが必要です。これは、クラス全体にとっても安心して学ぶために重要な要素です。

# 3 一斉活動へ切り替える時の目標設定と手立て

ステップ **1** 基本の言葉かけ

○分になったら終わるよ。

ステップ **2** 応用の言葉かけ

残り○分だよ。あと120秒くらいかな。

一斉活動では、活動の時間を伝えることで、見通しがわかるだけでなく、時間を意識して活動の進み具合を調整しようとする行動にも、つながります。

## 😊 最初に時間がわかると、時間調整の練習になる

　個別・グループ活動の時は、「これから〇分まで時間をとります」や「長い針が〇になるまでグループ活動にします」などというように、全体にアナウンスをされていると思います。

　示し方はさまざまですので、ぜひ児童生徒や学習集団に応じて教師なりの伝え方を大事にしてください。決まった伝え方はありません。言葉やイラストなどさまざまな手立てを活用し、子どもたちの主体的な姿、意欲的に学習に取り組む姿につなげて欲しいと思います。

　私はよく、針が自由に動かせるように作った自作の時計カードを使って、「終わりは〇分にしよう」などと伝えてから、それぞれの活動に入るようにしています。時間を意識し、活動に取り組む友だちの姿を見た子どもたちは、自分も真似て活動しようとする自主的な姿も見られるようになりました。

## 😊 段階的な「終わり予告」が、スムーズな展開を支える

　予告なしに「はい、それでは終了です」などと伝えてしまうと、「まだ終わってません」「もう少し時間が欲しいです」などの要望が出てくることがあるかもしれません。テストのような場ではこのような対応で良いかもしれませんが、授業・学習活動であれば、段階的に終わりの時刻を予告することが必要です。

　いつも時間がなくなってしまう子も、ちょっとしたひと言があるだけで、変わります。子どもが自ら課題を仕上げられるように、促していきましょう。

# 4 集中力にムラがある時が、授業改善のきっかけに！

ステップ 1 **授業序盤の言葉かけ**

今日の授業は最初に〇〇、次に△△、
そして最後に□□を行います。

① 自分の考えをまとめる

② 意見交換をする

③ 感想発表

ステップ 2 **授業中盤の言葉かけ**

今は〇〇が終わりました。
次は△△に入りましょう。

終わった
ことも、
可視化
する

✓① 自分の考えをまとめる

② 意見交換をする

③ 感想発表

子どもたちが、授業の進め方や展開を理解することは、進度の遅れを防ぐために欠かせません。授業展開は、常に子どもたちを中心に考えると、うまくいきます。

## 😊 こまめな学習進度・状況の確認が遅れを防ぐ！

　授業中の子どもは、「ちょっと注意が逸れた間に、次の学習内容に入っていた……」という経験をしているかもしれません。「気がついたら、授業についていけない……」といった状況は、このような小さなことから始まります。そして、そこから徐々に全体の進度から遅れてしまうことにつながります。だからこそ、ステップ１・ステップ２の言葉のように、活動一つひとつを振り返り確認しながら、次の内容に入ることが重要です。

　このような段階的な言葉かけを意識することで、子どもたちが進んで学習に参加しようとする態度の育成を促すでしょう。

## 😊 「集中してない子」が授業改善の目安になる

　１授業時間ずっと集中して参加することは、誰にとっても難しいと思います。その中でも特に気になる姿が見られた際には、「集中できない子」ではなく、授業改善のヒントとして前向きに捉えることもできます。

　たとえば、授業の型として「導入・展開・まとめ」があります。「展開」の中で、集中できない姿が目立つようになった時、最初は集中できていたけれども、徐々に注意集中が逸れてきた……ということがあるかもしれません。それを受けた授業改善の一つとして、「展開部分の構成をもう少し細かくしてみる」「学習内容がわかりづらいことが原因として考えられた場合は、個別のフォローをしてみる」など、具体的な関わり方を考えることができるでしょう。

　一度の工夫では、教育的な効果や変容は捉えにくいものです。焦らず、子どもたちの姿を中心に考えられる手立てを講じながら、教師の指導・支援を振り返るようにしたいです。

# 5 集中している時間に 隠されている秘訣

ステップ 1 **基本の対応**

集中できている子を見守る。

ステップ 2 **アフターフォローの言葉かけ**

Aくん、集中して課題に取り組めていたね。

「集中が難しい子」も、常に集中できてないわけではありません。集中し、授業に参加できている時間もあります。そこには、意識・無意識の教育的配慮が隠されているはずです。

## 😊 実態把握は「両面」を見る

　特別支援教育では、一人ひとりの実態把握が欠かせません。その子が得意なこと・好きなこと、逆に支援が必要なことなど、両面から実態を把握します。今回のケースにおいても、両面で見ることが大切です。すべてに集中できない子は、少ないのではないでしょうか。注意集中が逸れやすい、注意集中の持続が周囲に比べて少し短いなど、よく見れば詳細を捉えることができます。まずは、丁寧な視点で、子どもの良い面と支援が必要な面を整理するようにしましょう。

　また「いつ、どんな時に集中できているか」をしっかり捉えていきましょう。それがわかれば、、その前の状況を振り返り、私たち教師のどのような工夫や配慮が、その子のポジティブな姿を引き出したのか、理解できるはずです。

## 😊 子どもの前向きな姿をフィードバックする

　誰もが、ほめられること、認められることは嫌ではないはずです。私たち大人もそうですよね。子どもの前向きな姿に対して、ちゃんと「言葉」でフィードバックするだけでも、自信や自己肯定感を育むことにつながります。

　「この課題、よく集中して取り組むことができたね」という前向きな言葉かけをもとに、「次はこの課題も頑張ってみて」と次のステップを伝えたり、「わからないときは、遠慮しないで先生に相談してね」と、個に応じた目標を示したりすることが大事です。

# 6 事前準備ができない子には、次の予告を

**基本の言葉かけ**

次の授業で必要な物を、机の上に
準備をしてから休憩しましょう。

机の上に、次の
授業の教科書を
出してから、
休憩に入ろうね

ステップ
2

**アフターフォローの言葉かけ**

授業の準備ができていますか?
確認してみましょう。

タブレット

教科書

OK!

えんぴつ

消しゴム

「準備をせずに遊んでしまう」のはあくまでも実態です。「まずは○○をして、それから自由時間にしましょう」などわかりやすい目安を示してあげましょう。

## ☺「予告」だけで全員が準備万端に！

「はい、それでは休憩です」と言って休憩時間に入るのではなく、たとえば「次の授業で必要な物を、机の上に準備をしてから休憩しましょう」と言葉かけをします。すると、自然に事前準備をするきっかけをつくることができます。「準備ができなかった時」に、後から声かけをするのではなく、そもそも準備をする流れをつくってしまえば、子どもも手こずりません。

「事前準備」というと、何だか教師側がお膳立てするような印象があるかもしれませんが、ひと言声をかけるだけで、教師も子どもも後が楽になりますし、事前準備を習慣化することができます。

## ☺ 子どもの自主性を促す授業前の確認

予告をした後には、実際に確認することが大切です。次の授業が始まる際に確認することで、その後の授業展開もスムーズになります。この際も、「さっき伝えたのに、聞いてなかったのかな」ととがめるのではなく、「しっかり準備できたね」とほめることです。ポジティブな言葉をかけられることで、その子が今後の授業準備に対して、自ら積極的に取り組むことができるでしょう。

自分の準備だけでなく、子どもが「手伝いますか？」と自分から私に尋ねて授業準備に取り組む姿も見られるようになったことがあります。

期待されているから……という思いではなく、自分から率先して取り組もうとする姿にとても感動しました。準備後、私が「ありがとう。とても助かったよ」と言葉かけした時の満足げな表情が印象に残っています。

# 7 予告の工夫は バリエーションをもつこと

**ステップ1** 基本の言葉かけ

次の授業は〇分から始めるよ。〇分に、
はじめの挨拶ができるようにしましょう。

**ステップ2** アフターフォローの言葉かけ

惜しい。昨日よりも少し遅かったかな。
明日は時間通りにはじめようね。

目標に向かって 一歩ずつ進もう！

注意ではなく、どの子も主体的に動けるよう言葉かけをします。予告通りにいかなかった場合は、その子の責任ではなく、ツールも使いながらうまく切り換えていきます。

## ☺ タイマーやイラストなどのツールも駆使しよう！

　伝え方もいろいろなバリエーションがあります。ステップ１のように、時間をはっきり明示することは、時間感覚を養うために必要です。また、「指示を聞くこと」については、教師の話を耳で聞くことに加えて、タイマー音を手掛かりにする方法もあります。視覚的に提示されたタイマーの残りのメモリを見たり、板書された文字やイラストを手掛かりにしたり、方法はたくさんあります。たとえば、タイマーのような時間の経過を量的に確認できるものから、デジタル時計まで柔軟に考えましょう。デジタル表示で十分認識できる場合は、大きめのデジタルタイマーを黒板に掲示しておくことで、子どもが自ら時間を確認し、気持ちを切り替えようとすることにつながります。

　また、ある特定の子を想定した工夫は、クラス全体の子どもたちにとっても有効であることが多いです。

## ☺ できなかった時よりも、できた時への言葉かけが大切

　期待する姿がすぐに見られない場合もあるかもしれません。その際は、もう少し段階に分けて、短い期間で達成できそうな目標をまずは目指すようにしましょう。その際は個別目標の見直しが大事です。

　たとえば「自分で時計を見て、活動を切り替えることができる」という目標を設定したとします。そして、その後の子どもの姿から、目標が達成できなかった場合、自分で時計を見る前段階として「教師と一緒に時間を確認し、活動を切り替えることができる」といった目標に変えることで、子どもも教師もより取り組みやすくなるはずです。

# 8 主体的な姿につながる グループ学習のコツ

**ステップ1** 基本の言葉かけ

話し合いでは、次のことを大切にしてください。

**ステップ2** 応用の言葉かけ

司会を決めて、
グループで話し合うようにしましょう。

教室の座席配置にはさまざまな工夫があるはずです。グループ編成も同様で、子どもたちの自主的なグループ設定もあれば、グループ学習の目的や配慮などに応じた構成がポイントになる場合もあります。

## ☺ 討論・批判ではなく、関係性を育てる機会に

　グループ学習では、子どもたちからさまざまな意見やアイデアが出されます。それは、子どもたちの主体的な姿として前向きな評価につながるものです。ここで大事にしたいことは、話し合い活動において、「どんな姿を大切にしてほしいのか」を全体に伝えることです。

　「たくさん意見を出しましょう」「グループで意見をまとめましょう」などではなく、お互いの関係性を育てる指示をします。「お互いのアイデアの良い部分を伝え合いましょう」「相手の意見を聞いた後は拍手やリアクションを大事にしましょう」などの言葉かけが重要です。

　グループ学習のねらいは、「討論ではなく対話」、「批判ではなく自他の考えの良さに気づくこと」などだと思います。こういった経験こそが、一人ひとりの子どもたちが安心して、前向きに学習を積み重ねることができる環境をつくっていきます。学習環境は、教師だけが用意するものではなく、子どもたち自身が自らつくるものでもあるのです。

## ☺ 必要な役割や学習課題は丁寧に示そう

　グループ学習は、グループのメンバーや関係性などによって、進捗状況が異なってくる場合もあります。学習のねらいに基づいて、話し合い活動を進める際に必要な役割や課題を、全体で共通理解できる言葉かけが大切です。司会を決める、順番を決める、話し合い活動の流れを確認する、などそれぞれの下準備を行うことで、話し合い活動もより充実した時間になるでしょう。

# 9 立ち歩きがあるなら、まず原因と手立てを考える

**ステップ 1** 基本の言葉かけ

今は、ここに座ります。

**ステップ 2** 応用の言葉かけ

座るのが難しそうなら、
列のうしろで参加するようにしよう。

立ち歩きは、その場の注意だけで終わらせないことが肝。いつ立ち歩きがあるのか、具体的に整理し、立ち歩きに対して教員集団でどのような支援の方針を立てるのか、また共通理解をするかが大切です。

## ☺ 個と集団を考えた時に大切にしたいこと

　集会活動など、集団の場面で目立つ立ち歩きは、周囲の子どもにとっても気になってしまい、活動全体が落ち着かなくなることも考えられます。どこまで見守るか、またどの部分からは個別に対応するかを線引きしたうえで関わることが大切です。

　まずは、「いつ、どのような時に」立ち歩きがあるのかを把握しましょう。「最初は落ち着いて参加できるけれども、〇分くらい経過すると落ち着きがなくなる」などがわかる場合もあります。時間を目安に個別に言葉かけをしたり、会場の後方に椅子を準備しておいて、参加が難しくなった場合はそちらで過ごすようにするなど、複数の関わり方を考えておくと、その時々に応じて柔軟に対応することができます。

## ☺ 教師間の共通理解で安心！

　集会活動など、目立つ場における気になる行動への対応は、同僚の視線も気になるものです。当事者の担任としては、子ども自ら再度落ち着いて参加できそうだと考えて「見守る」という選択をしたとします。一方、それを見ている周囲の同僚は「何で座るように言葉かけしないの？」と思っているかもしれません。

　また、子どもの姿をよく把握していて見守っている場合もあれば、どのように関われば良いのか悩んでいる場合もあります。

　教師にとっても暗黙の了解は難しいものです。ぜひ、支援方針や悩みについて、学年内・学校内で共有できると、安心して必要な関わりをすることができます。

## コラム ⑤

# 特別支援学校の
# センター的機能

2003年頃、地域の特別支援教育のセンター的機能を担う学校として特別支援学校にさまざまな役割が期待されるようになりました。私が所属している筑波大学附属大塚特別支援学校でも、2003年度に支援部という専任部署を設置し以来地域に加えて他機関との連携を通して特別支援教育の充実に尽力してきました。2017年度には文京区と包括協定を締結し、特別支援教育に関する外部専門委員として区内幼稚園・小学校を中心とした相談や研修協力に取り組んでいます。

本校では2019年度より海外日本人学校への遠隔支援コンサルテーションに参画し、学校のニーズに応じた相談支援に取り組んでいます。
このように限られた地域ではなく、より広く他機関と協働した実践が求められるようになってきました。また個人的にはセンター的機能を中心とした関係性から、協働や連携、またコラボレーションなど、より多様な視点から特別支援教育の充実に努めるようにすることが重要であるようにも思います。

巡回相談等の外部連携の経験を通して、改めて特別支援教育（知的障害教育）の見方や考え方がより多くの子どもの学びや育ちをそっと支えるものであると感じています。また逆に、他の学校の実践から学ぶべきこともたくさんあります。私たち大人も、学校種にこだわらずお互いの学校の実践から学びあう姿勢を大切にしていきたいと考えています。

# 第**6**章

## 勉強が楽しくなる！
## 学習支援の言葉かけ

ここからは自分でやってみる！

教師の見守りの中で のびのび学習できる！

# 1 ちょっとした書き間違いで 自信をなくす子への言葉かけ

## ステップ 1 基本の言葉かけ

よく書けている部分もあるから、
あまり大きくがっかりしないようにね。
間違ったところは直せばそれで大丈夫だよ。

## ステップ 2 アフターフォローの言葉かけ

どうして間違ったのか前向きに振り返ることも大切
だよ。見直したり、自分に合った書きやすい
道具を考えたりするきっかけにしようね。

書きやすい道具かどうか、
確認してみよう！

これまでの積み重ねで、文字を書くことへの苦手意識を感じ自信を
なくしている子どもがいます。間違うことに大きなストレスを感じる
場合などは、考え方を柔軟にできるように伝えましょう。

## ☺ ノートチェックには必ず前向きなフィードバックを！

　子どもたちはみんなさまざまな書字課題に取り組んでいます。教師も
一人ひとりのノートをチェックし、花丸をつけたり修正箇所に赤字を入
れたり、とても丁寧に指導をしていることでしょう。

　周囲の人に、何かを伝えたいとき、読みやすい字を書けることはとて
も重要です。書字課題について修正を促すような言葉かけや指示をする
ことは、指導上必要なことです。そのうえで、チェックの際は綺麗な字
に対して「特にここ、丁寧に書けたね」などのフィードバックが大切で
す。その子なりに課題に向きあったノートです。一生懸命取り組んだの
に更に間違いを指摘されて戻されるのではなく、その中でも良くできた
部分を認めてもらえるのは、きっと嬉しいはず。指導・支援は、子ども
一人ひとりの良い部分を見つけ、具体的に伝えることが、とても大事な
要素なのです。

## ☺ 間違いを「気づき」に変える

　間違った箇所を振り返るのは、誰でも心身ともに疲れるものです。そ
の際は教師が一緒になって、どこを間違ったのか、どのようにすれば良
いかを考えることができるようにすることが大切です。「ここ間違って
たよ」に加えて、「こんな風に書くともっと良くなるよ。気づいて良かっ
たね」と言葉を添えてあげると、子どもも課題により主体的に取り組も
うとします。

　また、見て書く、「とめはね」を意識するなど、子ども本人が学ぶこ
とだけでなく、「書きやすい道具かどうか」もポイントです。ペン、下
敷き、消しゴムなど、使っている道具が本人の書きやすさにつながって
いるのかどうか、一度確認してみましょう。

# **2** 板書写しでは、授業の優先順位を具体的に示す

**ステップ 1**
**基本の言葉かけ**

すべてノートに書く必要はないよ。「今」は、「ここ」を書いて、課題に取り組んでみましょう。

**ステップ 2**
**アフターフォローの言葉かけ**

きちんと自分の考えをまとめることができたね。

マス目のあるノートなど、個に応じた手立ての工夫をしよう！

板書写しについては、授業目標に応じて書く項目を、「その都度、具体的に」伝えることがポイント。板書写しに時間が必要な子どもも、ポイントを絞って伝えることでメインの学習に取り組みやすくなります。

## ☺ 板書写しも目標を調整して大丈夫！

綺麗に書き写そうと思い、板書写しに集中する子ども、ささっと書いて課題に移る子ども。いろいろな子がいますよね。

場合によっては、板書写しに時間がかかり、肝心の本題に遅れてしまう……という場合もあります。授業目標で、板書写しの優先順位が高くないようであれば、書き写す箇所だけ強調して伝えたり、色分けして書き示したりしましょう。

ステップ１の言葉かけのように、「今は」「何を」書き写して欲しいのか、限定して伝えます。子どもも教師も負担感が減り、学習課題に集中しやすくなります。

## ☺ 個に応じた具体的手立てって？

多くの教師がされているように、授業目標に対して、子どもが取り組めていたことや、その姿に対して具体的に言葉かけすることが大切です。

一方で、書字の課題について、量や内容を調整して取り組むようにしたのだけれども、それでも支援が必要……という場合もあるかもしれません。そんな時こそ、個に応じた具体的な手立てが求められます。一対一の関わりはもちろん、マス目のあるノートを使ったり、拡大表示できる機器を使ったりするなど、工夫はさまざまあります。

課題に応じて、個別の配慮事項を明確にしておくことで、実践的な支援ができますし、あとから手立てを中心に、スムーズに評価・改善できるでしょう。

# 3 書字課題に集中できる言葉かけ

## ステップ1 基本の言葉かけ

「今」は鉛筆を使わないので筆箱は机の中にしまって、先生の話を聞いてください。

## ステップ2 アフターフォローの言葉かけ

「次」はこの部分をノートに書いてみよう。

時間を区切って、メリハリをつけよう！

授業の一場面でも、教師の話を聞いたり板書を書き写したり、さまざまな課題が混在しています。子どもが混乱してしまう時は一つずつ指示や説明することで、落ち着いて課題に向き合うことができます。

## 😊「聞く」と「書く」を区切る

　授業中、これまでの経験から、特に指示していないにも関わらず、教師が板書したことを自然と書き写そうとする子もいます。主体的に学習に取り組む姿の一つかもしれません。

　ただ中には、教師の話が進んでいる最中にも、板書を書き写すそうとするあまり、大切な指示を聞き逃してしまう子もいます。そうなってしまうと、一度の指示や説明では足りず、教師が繰り返し説明することになったり、個別に促したりと一手間も二手間もかかる場合があります。

　そこで、授業内容に応じて、「今」すべきことをはっきりと伝え、それ以外のことに気をとられないようにする言葉かけをします。たとえば「今は鉛筆を使わないので、筆箱は机の中にしまってね」など、授業に集中できるように、自分で環境を調整するように導いていきましょう。

## 😊 目標に近づく時間のメリハリ

　書字課題は、教師自身が学習目標をもっておくことが肝。たとえば「丁寧に文字を書くことができる」という目標について、「丁寧さ」の具体的な程度や内容をはっきりとイメージしておくことです。「マス目を意識して書く」「読みやすい文字になるように書く」などさまざまあります。

　そのためには、書くことに集中できる時間を設定することが必要です。今は聞く時間、次に書く時間というように、1授業時間すべてではなくても、部分的に子どもたちが課題に集中して取り組む時間をつくりましょう。

# 4 授業を中断させる子には、環境設定を考えることが大切！

ステップ 1 **基本の言葉かけ**

これから3分間、先生が話をします。よく聞いてね。

ステップ 2 **応用の言葉かけ**

次は〇分までグループ活動です。この課題について
グループで取り組んでみましょう。

授業を中断する子に困る気持ちは、とてもよくわかります。「教師の話を聞く時間」、「子どもが話をする時間」など、メリハリをつけることで、意外とスルッと解決することもあります。

## ☺ はっきり見通しを伝えることで子どもも意識できる!

　たとえば「これから3分、先生が話をするよ」と言った時、子どもによっては、じっと時計を見て計測することもあるかもしれませんが、本当に3分間話をすることにこだわる必要はありません。ここで大事にしたいのは、「話す」「聞く」のメリハリをもたせること、そのためにはっきりした時間を手立てとして伝えることだからです。

　この言葉かけは、授業だけでなく、いろいろな場面で使えます。活動が始まる際などに、「いつからいつまで活動をするのか」を伝えておくことを習慣にしていきましょう。

## ☺ 授業をもっと良くするきっかけにしよう!

　授業中の子どもの気になる行動は、授業改善のヒントとして前向きに捉えることが大切です。学習内容が掴めず困っている、全体指示が長くなり集中が続かなくなったなど、いろいろなケースがあるでしょう。授業者としてより良い授業にブラッシュアップできるヒントがあるかもしれません。子どもの姿から活動を振り返ることで、全体指示をする時間や構成を変えるなど、学習環境の調整にもつながります。

　逆に、メインで授業を進める教師と、子どもの様子を見てフォローする教師とで役割分担をしたほうが良い場合もあります。そのような場合は、遠慮なくチームとしての具体的な指導・支援の方針を、学年等の関係者間で調整できる機会にもなります。教師も一人で抱え込み過ぎないことが大切です。指導体制の整備が重要な場合は、具体的な方針とともに学年や学校全体で体制を整えるチャンスにもなるのです。

# 5 急に不安な表情になる子に気づいた時

**ステップ 1** 基本の言葉かけ

Aさん、大丈夫かな?
何か気になることがあった?

**ステップ 2** アフターフォローの言葉かけ

なるほど。そうだよね。また同じようなことがあったら、心配しないで先生に教えてね。

感情とは、話したり泣いたり怒ったりするだけではありません。「不安な表情になる」というだけでも、子どもは発信しているのです。小さなサインを見逃さないことが、大ごとにならないヒントです。

## ☺ 気になった時はさりげない言葉かけを

子どもの表情から「どうしたのかな？」と感じた時は、さり気なく「大丈夫？」などと、こちらから聞いてみることが大切です。「困った時には、自分から周囲に伝える」経験が必要だからです。このように周囲に援助を求めることができるようになるために、最初は「助けてもらった」という実感をもてるようにしましょう。

特に、このような子どもの気になる行動について、十分な実態把握ができていない場合などは、何もしないよりもまずは言葉をかけてみることです。それだけで、次につながる方向性が見えてきます。

## ☺ 少しずつの積み重ねが形になる

「困ったことがあったら、先生に言うんだよ」と伝えても、いざ実行しようとすると難しいものです。そんなときも「先生に教えてねって、前も話したよね」では、ますます子どもは伝えにくさを感じてしまいます。「どうしたのかな？　大丈夫？」の繰り返しの先に、いつか自分で先生に困っていることを伝えることができるかもしれません。

自分の思いを発信することに課題がある子の場合は、教師の温かな見守りの中で、「伝える」経験を積み重ねて欲しいと思います。

また、表情だけでなく、声の調子、ちょっとした仕草などが普段よりも荒くなったり雑になったりすることも一つのサインです。友だちとの会話の中でいつもより早口になる、言葉づかいが少し乱雑な感じがする……などもあります。

読み取りには、普段の子どもの様子との比較が大事になります。これは実態把握とも言いますが、ぜひ日頃から子どもとの関わりを大切にしてください。

# 同僚性

　これまでの自身の経験を通して自分が大事にしたい、これからも考えていきたいキーワードが「同僚性」です。特別支援教育は大人がチームとして協働することが欠かせません。そこで、私たち大人もお互いの考え方を受け止めつつ、子どもを中心とした時にどのような支援方針に基づき、子どもを支えていくか共通理解することが大切です。そのために役割分担をしたり、お互い助け合ったりする関係性が重要になりますが、その関係性を深める手立ての一つが本書のテーマでもある言葉かけです。

　特別支援は特別な支援ではないことと同じように、子どもに大切にしたい言葉かけは私たち大人にも重要であることを日々感じています。苦しい時に掛けてくれた言葉かけ、これからの視野の広がりにつながった言葉かけなどさまざまあります。みなさんもきっと具体的な言葉かけが浮かぶのではないでしょうか。そしてそれと同じように、自分が発する言葉かけも相手の背中をそっと支えるようなものでありたい、そのように思っています。

　最後に、そのような言葉かけにつながるためには心身の状態が良好であることが大事です。自分でコントロールできる範囲は限られているかもしれませんが、ないものを嘆くのではなく、できることに目を向け、自分を労わる工夫をすることが大事です。上司から言われた「明日できることは明日やろう」という言葉も自分にとっては忘れられないものです。

# 第**7**章

## 伝わり方が変わる！

# 指導計画と子どもへの向き合い方

# 個別の教育支援計画と
# 個別の指導計画

## ☺ 指導・支援の手立て

個別の教育支援計画

個別の指導計画※

※出典：文部科学省ホームページ
（https://www.mext.go.jp/a_menu/shotou/tokubetu/material/1298214.htm）

| 支援計画 | 他機関との連携を図るための長期的な視点に立った計画 |
| --- | --- |
| 指導計画 | 指導・支援を行うためのきめ細かい計画 |

　具体的な指導・支援にあたっては、特に個別の指導計画の運用がポイントになります。

指導・支援の具体化、つなぐ手立てが個別の教育支援計画と個別の指導計画です。書式はさまざまありますので、あくまでも書式例として次を参考にしてください。

## 😊 支援計画と指導計画は「無理なく活用できる」こと

具体的にどのようなことを書くと良いのか、とても悩むこともあるかもしれません。大事なことは「子どもの様子を整理し、具体的な指導・支援につなげること」「その都度見直しながら、よりわかりやすい計画に修正すること」です。

特に指導計画は、長期目標や短期目標、各項目の指導目標など細かく設定されています。はじめに、教師の子どもへの思いや願いをもとに、おおよその指導方針について文字化すると良いと思います。新学期初めの子どもの姿から得意なこと・好きなこと、反対に支援が必要な部分など大まかに考えてみてください。そこから、1年間で目指したい目標、数ヶ月や各学期で目指す目標など、少しずつ指導方針を具体化していくようにしてみましょう。

「書き過ぎないこと」もポイントです。ついつい長くなってしまうと、読みづらくなったり、振り返るのが大変になったりします。実践をもとに、書き足しても良いので、あくまでも指導・支援の手立てとして、無理なく活用できる計画にしてほしいと思います。

たとえば「生活面」について、登下校の身支度を考えてみます。「登下校の身支度に一人で取り組むことができる」を目標にした時、どんな手立てに配慮するかが大切です。

最初は教師や支援員と一緒に行い、出来てきたら見守っている中で自力で取り組むようにする……など段階的な手立てがとても大切です。

また、自分で取り組んだ時や出来た時には、「よくできたね」「できたら、先生に教えてね」など、言葉かけをイメージしておくと実際の場面でも関わりが広がります。

# 2 実態把握と手立ての立て方

## ☺ 教師の気づきが大きな指針になる

　年度当初は、引継ぎを受けた指導計画もありますので、前任者が作成した指導計画を確認することができます。

　そして、目の前の子どもの姿を教師が見て、気づいた点をもとに具体的な姿に整理することで、その後の指導につながります。

　1日の学校生活を通して気づいた点をもとに、本人の「良いところ・強み」、反対に「苦手なところ」を書き出すことも、方法の一つです。良いところ・強み、興味関心は授業づくりの題材設定や教材づくりに、苦手なところは具体的な手立てと併せることで、支援の方針につながります。

## ☺ 短期目標の達成でやりがいを得る

　短期で達成を目指す目標です。本人の今の姿を踏まえて、より実現可能な目標であることが大切です。予定していたよりも早く達成できた場合は、さらに残りの期間で目指せる目標を再度設定しても良いです。次期まで含めた目標に取り組むこともできます。

　大事なことは、子どもも教師も、できたことに達成感を得ること、そして次の課題・目標にも意欲的に取り組もうとする思いを育むことです。

　教師が焦ったり不安になったりすると、そのストレスは子どもにも影響します。短期的な目標は達成しやすい分、ぜひ、教師自身が日々の指導・支援の手応え、やりがいを感じてみてください。教師自身の負担感を軽くするためにも、日々こういった小さな達成感を得ることが大事です。

## ☺ 手立て＝教師の関わり

　特に指導計画では、どのような目標を設定するか、そして達成のため

「実態把握と言われても、どのような視点で見れば良いのかわからない」など疑問や不安もあると思います。まずは、各学校で準備された指導計画の項目をもとに、子どもの姿を整理していきましょう。

にどのような「手立て」を講じるのかが大切です。その「手立て」とは、教師の関わりです。そして、関わりの一つが、本書のテーマでもある言葉かけになります。おおよその指導方針を立て、その子に関わる指導者・支援者で方針を共通理解することで、子どもも教師もより学びの多い学校環境をつくることができます。

## 😊 子どもとのやりとりをイメージしてみよう

たとえば「朝の身支度を自分で済ませることができる」という目標について、「具体的な身支度がわかるように、絵カードを活用する」とします。指導計画上はこの目標設定と手立ての書き方でも良いかもしれません。

でも実際には、「次はこれだよ」「その次は何するの」などの教師の言葉かけが入ります。その場合は、「はじめは、教師と一緒に絵カードを確認しながら取り組む」という手立てになるでしょう。

指導計画では、細かく書き過ぎるとわかりにくくなってしまう場合もありますので、具体的な教材の使い方・教師の関わり方について、事前にイメージしておくことが大切です。

また、フィードバックも大切にしてください。「よくできたね」とほめる、「頑張ったね」と認める、「次は自分でできそうだね」と意欲づけするなど、さまざまな言葉かけがあります。本書でもたくさん紹介していますので、ぜひ活用してみてください。

# 3 重要ポイントは、環境設定と「事前」の関わり方

## ☺ 環境設定

まずは子どもが理解してて動けるようになっているか、確認してみると良いと思います。

教師が考えた指導目標と実際に子どもが活動する学習環境は、密接に関わり合っています。子どもの姿は環境との相互作用から起きたものという視点で、子どもが課題によく取り組めた時はどのような環境だったのか振り返ってみると、次につながるヒントがあるはずです。

またその逆もあります。うまく課題に取り組むことができなかった時、そこには活動環境改善のヒントが隠されています。

## ☺ 集中力ではなく環境に問題がある?!

たとえば、給食後の下膳（自分の机から、教室前の食缶等に片づけをすること）をする時、片づけ終わるのに時間がかかってしまうことはありませんか？

子ども自身の注意集中の問題ではなく、周りの環境が原因で片付けに時間が掛かっているかもしれないと考えると、いろいろな視点から環境改善を考えることができます。

机の間隔が狭く移動しにくい場合は、十分な間隔を確保できるよう、給食準備の段階で机配置を整えておく必要があります。また、食缶や食器かごに片づける場合、まだ不慣れな場合は、何をどこに片づければ良いのかわからないこともあります。その時には、余っているお皿などを最初から片付ける場所に置いておくことで、それが目印になることも考えられます。

## ☺ 事前のひと言が子どもの行動を変える

環境設定に続けて、ここでは下膳場面を事例にしたいと思います。下

子どもが、学習内容を理解し自ら進んで取り組むためにはわかりやすい「環境設定」が重要な視点です。座席や物品の配置などの大きな範囲から、ロッカーや道具箱など小さな範囲まで、確認してみましょう。

膳場面を思い浮かべてみてください。次のように、私たち教師はさまざまな言葉かけをしているはずです。
① 「片付けやすいように、並んで・順番に食器を片付けましょう」
② 「ごみはゴミ箱に捨ててから、食器を片付けましょう」
③ 「片付けが終わったら、〜係の人にお仕事をお願いしたいので、先生のところに来てください」
こういった基本的な言葉かけも、子どもたちへの「事前」の取組みといえます。
　日頃、自然にされていることかもしれませんが、このようなひと言が、子どもたちにとっては、自ら課題に取り組むためにとても大事な目安になります。

## ☺ さりげない言葉の「目的」を明確に！

　上記の言葉かけの目的や効果を、改めて見てみましょう。
① 「並んで・順番に」などの模範を言葉で伝えることで、下膳時のトラブルが起きにくくなります。
②ゴミが散らかることなくスムーズに食器を片付けることができます。
③予告しておくことで、子どもたちも見通しをもって次の活動に取り組みやすくなります。
　また、苦手な食材がある子にとっては「どうしても苦手な物がある時は、残して良いからね」と言葉をかけておけば、安心して食事をすることができます。
　教師自身が、「何を目的としているのか」を意識することで、子どもたちにもしっかりとその意図を伝えることができるでしょう。

# 4 次につなげる<br>フィードバックの大切さ

## 😊 事後のかかわり＝評価・改善への第一歩

　子どもの良い姿をさらに伸ばしたり、次の目標につなげたりする言葉かけがフィードバックです。これは、評価・改善への取組みにもなります。せっかく課題に取り組んだのであれば、そのまま何もせず終わりではなく、教師からの前向きな言葉かけで締めくくってほしいと思います。

　たとえば、下膳後にはどのような言葉かけをしているかを振り返ってみたいと思います。

① 「きれいに片付けられたね」
② 「その食器はどこに片づければいいか、もう一度よく見てごらん」
③ 「それでは給食係の皆さん、お願いします」

　①は、ほめ言葉とともに温かいフィードバックをしています。教師にこのような言葉かけをしてもらうと、子どもたちは「次も綺麗に片付けをしよう」と意欲をもつかもしれません。

　②は確認を促す言葉かけです。「間違っているよ」などの注意ではなく、そっと確認を促されることで、子どもも驚かずに正しい場所を確認して片付けができるでしょう。このような言葉かけは、教師から子どもへの指導だけに留まらず、子ども同士で前向きに支え合うきっかけになることもあります。子どものどのような姿を大切にしたいかに応じて、言葉の選び方にも配慮が必要だなと、私自身も学ばせてもらいました。

　③は次の活動への促しです。わかっている子どももいると思いますが、教師が一度全体に言葉かけすることで、忘れていた子どもも係活動に意識を向けて、取り組むことにつながります。

　これ以外にも「おいしかったね」「何が一番おいしかった？」「次は何が食べたい？」などの言葉かけもあると思います。食事は楽しい時間にしたいものです。こういったさりげないやりとりが、教師と子どもの関係性を育む時間にもつながるのです。

言葉かけも事前と事後に分けられます。ここでは事後の言葉かけである「フィードバック」について考えます。フィードバックは「あなたのことを見守っているよ」というメッセージにもなります。

## ☺ 目標が達成できなくても、教師や子どものせいではない

　子どもの良い姿は、その子の成長や学びであるとともに、教師の指導・支援の成果です。その子の短期・長期の姿を振り返れば、確実に成長が見られた部分があるはず。ぜひ、教師自身の実践もポジティブに捉えるようにしましょう。

　一つひとつの目標に視点を移した時も、同様に肯定的に評価できる部分があります。そこは「手立てが良かった」と捉えて、その手立てのポイントを、他の場面や次の目標にもいかしましょう。

　一方、「目標達成！」とはならなかったものもあるかもしれません。気をつけて欲しいのは、決して私たち教師の指導力不足ではないということです。「考えた手立てが、本人の実態に合わなかった」として手立てを改善する、または「目標の妥当性が低かった」として目標の見直しをすることが大事です。自分の指導力の責任にするのではなく、手立てや目標の改善を図るという取組みが大事です。

　特定の子どもへのフィードバックが、周囲の子どもにとっても、自分も頑張ろうとする意欲づけにつながることもあります。「僕も頑張ろう」「僕だって出来る」と感じ、「先生、できました！」と元気に報告してくれた姿が見られることでしょう。

　また、教師の言葉かけが子ども同士の関係性にもつながります。注意の言葉かけが多いと、子ども同士でも指摘し合う場面が多くなります。まずは肯定的に伝えることが大事です。

# 保護者とは成長を喜び合う関係をつくろう

## ☺ 限られた時間にできることって？

　学校では、年に複数回の保護者との面談機会があります。その中では、支援計画や指導計画に関する情報共有や振り返りなどをするでしょう。ただ、限られた時間のため、十分に話し合いが深められないということもあります。学校・学級によってさまざまな事情がありますので、ないものを嘆くのではなく、具体的に何ができるのかを考えながら、保護者との連携ができると良いなと思います。

## ☺ できるだけ簡単に負担のない方法で！

　支援計画・指導計画以外にも、保護者との連携や情報共有の手立てはたくさんあります。連絡帳や学級通信、子どもたちの作品、そして子ども本人が語る学校の様子です。

　連絡帳や学級通信は、特に伝わりやすい文章にしようと配慮されているのではないでしょうか。文章に加えて、子どもたちが活動に取り組む写真は、読み手のイメージを大きく膨らませてくれる手立ての一つです。場合によっては、文章は少なくして写真を多く使うことで、学校での学びや姿を保護者に伝えることができるので、イメージの共有として、写真もどんどん使っていきましょう。

　また、子どもたちの作品や制作物などを、写真で「即日」共有することも一つの方法です。保護者への伝え方も連絡帳、学級通信、学級メール、学校 HP など選択肢が複数ありますので、「伝わりやすい・伝えやすい方法」を組み合わせながら活用してみてほしいと思います。「あとで、ちゃんとやろう」と思うと、自分の中でハードルが高くなってしまい、結局後回しになってしまうこともあるかもしれません。「写真と簡単なメッセージを添えて送る」など簡単にできることから行い、自分の負担感を減らしていきましょう。

　また、自分から「その日、学校でどんなことに取り組んできたのか」

「〜について頑張って取り組んでいますよ」「〜が前よりも上手になりましたね」など、子どもの良い姿を中心に伝えます。できたことを積み重ねていくという視点で保護者と連携していきましょう。

という話をすることが難しい子どもでも、学習の様子の写真があれば、それをきっかけに保護者と一緒に振り返ることもできるでしょう。作品や写真は、それだけで大きな伝える・伝わる力を持っているものです。

## 😊 子どもの「できた」「頑張った」をともに振り返る

　教師も保護者も、子どものネガティブな話ではなく、ポジティブな話を共有することで、お互いホッとできます。子どもも、ネガティブな話をされるより、頑張ったことや一生懸命取り組んでいることを話題にされたほうが安心するはずです。保護者とは、そのような温かい視点で子どもの姿を振り返ることを意識してみてください。

　また、場合によっては「どのようにすることで、課題を達成したのか」について、教師自身が実践した手立てを伝えるのも大切です。もしかすると、学校での手立てが家庭での関わり方のヒントになるかもしれませんし、保護者にとっては「一人ひとりのことを細かく捉え、指導・支援してくれている先生なんだな」という安心感にもつながります。子どもの成長の裏には、先生方の手立て・関わりがあるのです。ぜひ積極的に伝えて欲しいと思います。

　一人ひとりの連絡帳を手書きで書く時間がなく、困ったことがありました。その時、自分の中で優先順位を考え、連絡帳は手書きではなく、昼食後の時間などにパソコンでその日の活動内容と活動の様子を文章と写真で作るようにしました。手書きの方が保護者にとっては良いのかな……と悩むこともありましたが、どの保護者からも「家庭で写真を見ながら子どもと振り返ることができて良かったです」と言葉をいただくことができ、安心したのを覚えています。

# 6 指導者・支援者の チームとしての連携が大切

## ☺ 個別の指導計画を手立てに共通理解すること

　クラス運営や指導・支援には複数の教師が関わっています。指導者・支援者の人数が多いほど、個に応じた関わりができる機会が増えます。

　一方で、一人ひとりの指導観が異なるため、指導方針の共通理解が難しくなる場合もあります。そのような時には、コミュニケーションの間に、個別の指導計画などの客観的な手立てを置いて、できるかぎり同じ方向性を共有できるようにすることが大切です。

　指導・支援のリーダーは学級担任です。学級担任が責任をもって、個別の指導計画を作成し、評価や保護者との連携に努めているはずです。経験年数や年齢に関係なく、学校組織の役割として、相互に分担し、子どもの学び・育ちをサポートするチームとしての連携が重要です。

　また、学級担任は悩んだり困ったりしたら、一人で抱え込まず、校内の相談できそうな人に援助を求めることも大切です。一人で解決することが難しい問題も、学校全体がチームとして連携することで、問題にアプローチすることができます。

## ☺ 大人にこそ必要な「助けてが言える」スキル

　困った時に子どもが自分から「助けて」が言えることはとても大切なスキルだと考えています。実際の指導・支援でもそのようなスキルを身につけて欲しいと思い、私自身、子どもとの関わりで大切にしてきました。

　でも同じように、あるいはそれ以上に、これは、大人にとっても大切なスキルだと感じるようになりました。自分もそうですが、その辺をとても上手に伝えられる教師はなかなかいないものです。なので、ぜひ周囲が同僚の様子に気づき、さり気なく「手伝おうか？」といった言葉かけをしてもらえるといいなと思います。いきなり「何か手伝う？」なども変ですので、「あの活動、子どもたちがいきいきしてて良かったよね」

学級には年齢や経験の異なる教師が複数存在します。学級担任として責任を感じ、悩むことも多いかもしれません。ぜひ教師同士で支え合い、学級担任を中心としたチームで連携してみましょう。

「最近のＡくん、とても成長しているよね」など明るい言葉で子どもの姿を共有することから始めてみると、その次に広がるかもしれません。

　実は「あの活動～」「最近のＡくん～」の言葉かけは私が担任していた時に、先輩の先生方からの言葉です。

　自分の支援はこれで大丈夫なのかな、ちゃんとできているのかな……と不安な日が続いていても、その度に先生方から前向きなフィードバックがあったことで、自分自身の関わりを振り返りながら子どもたちの良さを育み、友だち関係を深め合うような学級運営ができたと思います。

　言葉かけは教師と子どもだけではなく、教師同士、教師と保護者をつなぐ大事な手立てです。

# 大変な時の
# 自分との向き合い方

## 😊 決して、教師の指導力不足ではありません！

　私は、地域の学校の巡回相談等を通して、さまざまな学校の先生方と一緒に子どもたちへの指導・支援について考える機会があります。

　先生一人ひとりが、子どもへの温かな思い・願いをもち、具体的な関わりを積み重ねています。しかし、時には責任感から、うまくいかない原因を自分の指導力に焦点化してしまい、悩みが尽きない様子が見られることもありました。

　繰り返しになりますが、自分の指導力不足を原因に、ネガティブに考えすぎる必要はありません。大事なことは、手立てであり、その手立ての一つが本書の「言葉かけ」です。

　また、一人で対処できない場合も必ずあります。校内で役割分担したり、連携することに焦点をあてることも大事です。根詰めないことも、仕事の一つだと思って、教師自身も前向きに実践を積み重ねていけることを願っています。

## 😊 子どもの良い姿は、教師の良い実践があったからこそ！

　指導・支援を振り返る時は、必ずポジティブな言葉で言語化することが大切です。そうしないと、うまくいかない原因を自分自身、同僚、子どもの責任として、考えてしまいがちだからです。子どもがうまく取り組めた時は、子どもに「よくできたね」と言葉かけするとともに、自分にも「いい実践ができた」とほめてあげましょう。

　逆に、子どもが課題に取り組めなかった時は「手立てのどこを改善すると良いのだろうか？」と捉えて、具体的な手立て・関わりを改善しようとすることが大切です。自分や子どものせいにしないことが、気持ち良く支援に取り組むためのコツです。

　また、同僚同士で振り返る時も同じです。お互いの実践の良いところは、自分自身のスキルアップの手立てにすることができます。そして、

自分の状態に気づき、ちょっと緊張を緩めることも教師自身の良い
コンディションを保つために必要なことです。心身が良い状態のとき
ほど、良い指導・支援につながっていくものです。

子どもの実態にそぐわないと思われる実践や手立てについては、「指導
目標を見直してみると良いのかな？」「手立てをもう少し工夫してみる
と、目標に近づけそうかな？」などとともに考えてみると、より個別の
実態や目標に迫ることができます。あるいは、授業場面における役割分
担（担当グループや活動場所を基準にした配置の分担など）の視点で各
役割を明確にすると、お互い子どもに関わりやすくなることもあるで
しょう。

## ☺ どうか自分自身のケアも忘れないでください

　私たち教師も人間です。自分自身の状態が良くない時は、パフォーマ
ンスも十分に発揮できません。特に、無理し過ぎている時は考えもネガ
ティブになりがちです。そんな時は、自分自身を労うことを忘れないで
ください。違う仕事をして気分転換する、早めに帰れそうなときは早く
帰る、休日はリフレッシュの時間をつくるなど、日常的にできそうな、
小さな工夫をするだけで、心理状態が全く変わってくるはず。教師の状
態が良ければ、パフォーマンスも十分に発揮でき、指導・支援も好循環
するものです。子どもたち一人ひとりを丁寧に考えることと同じように、
自分自身の状態もチェックし、必要なマネジメントをしてほしいと思い
ます。

　どうしても仕事量が多く、自分自身をケアする時間が充分に取れない
ということもあるかもしれません。そんな時は、まずは「達成可能」な
目標・手立てを整理してみましょう。すでに実践されている先生も多い
かと思いますが、業務の優先順位や分担、終了時刻を決めて業務に取り
掛かるのも有効です。

　また、個人で何とかしようとするのではなく、そこも教師同士お互い
に声を掛け合いながらケアできる環境をつくるよう協働することが大切
です。私は「今日はこの辺で終わりにしよう」「良い週末を！」という
上司の言葉かけに何度も助けられました。

# おわりに

　本書は学校生活で見られる具体的な場面ごとに言葉かけを考えてみました。取り上げた場面は私が担任していた時に経験したものから、巡回相談等で現場の先生から寄せられたものまでさまざまです。

　「あの時、もっとこんな言葉かけをしていれば良かったのかな」「なんであんな言葉かけをしてしまったのだろう」など、場面ごとに当時のさまざまな思いが浮かんできます。このようなネガティブな振り返りだけでは、私たちの身も心もすり減る一方です。

　たとえば「あの時の言葉かけで、あの子もよく切り替えられたな」「あの先生の言葉かけ、自分も真似してみよう」などを意識して、ポジティブな振り返りをしてみましょう。

　どうしてもポジティブになれない時は、相当疲れているのかもしれません。そんな時は、自分の好きなこと、ホッとできることをして休むことも必要です。

また、頭の中で今の自分からあの時の自分に前向きな言葉かけをしてみてください。良い言葉かけは良い心身の状態から生まれるものです。

　特別支援教育では、言葉かけや身振り・手振り等の教師の関わりから教材教具の作成、授業であれば活動内容の工夫など、さまざまな視点から子どもたちへの支援や指導を考えています。

　言葉かけにも、教師によって微妙な間の取り方や抑揚の付け方も違います。また、子どもに向けた表情でも言葉の伝わり方は異なります。私たちの関わり方も色々な選択肢の組み合わせからできているのかもしれません。その後の子どもの姿から、しっくりくる自分らしい関わり方を見つけていただければと願っています。

2024 年 3 月

佐藤義竹

**著者紹介** **佐藤義竹**（さとう よしたけ）

筑波大学附属大塚特別支援学校研究主任／教務主任。福島大学教育学部卒業後、筑波大学大学院修士課程修了。福島県立特別支援学校、筑波大学附属大塚特別支援学校中学部担任を経て、地域支援部に所属。東京都文京区特別支援教育外部専門員。

自己選択・自己決定、意思表明の力を育む教材「すきなのどっち？」、コミュニケーションの際の傾聴のための教材「きもち・つたえる・ボード」を開発。著書に『今すぐ使える！特別支援アイデア教材50　大塚特別支援学校の実践からうまれた　作り方・活用法』『1日1歩　スモールステップ時計ワークシート』（合同出版）、『自信を育てる 発達障害の子のためのできる道具』（小学館）がある。

発達が気になる子の「できた！」を引き出す
# 教師の言葉かけ

2024年3月21日　初版発行

| | |
|---|---|
| 著者 | 佐藤義竹 |
| ブックデザイン | スタジオダンク |
| イラスト | おしおあおい |
| 発行者 | 佐久間重嘉 |
| 発行所 | 株式会社 学陽書房 |
| | 東京都千代田区飯田橋1-9-3　〒102-0072 |
| | 営業部　TEL 03-3261-1111　編集部　TEL 03-3261-1112 |
| | 　　　　FAX 03-5211-3300　　　　　　FAX 03-5211-3301 |
| | http://www.gakuyo.co.jp/ |
| DTP制作 | 越海編集デザイン |
| 印刷・製本 | 三省堂印刷 |

©Yoshitake Satou 2024, Printed in Japan
ISBN978-4-313-65515-7 C0037

## 特別支援教育　読み書き・運動が楽しくなる！
## 見る見るトレーニング

### いるかどり　著

A5判・並製・128ページ　定価 2090円（10％税込）

発達の気になる子の視覚認知力がアップするトレーニング！　自立活動で楽しくできる！　動画でもチェックできるため、子どもたちと一緒に見たり、指導前にパッと確認したりと、目的別で楽しく実践できます！

# 好評の既刊！

## UDフォントで見やすい！
## かわいい教室掲示&プリント 500　　CD‐ROM付き

## megkmit　著

B5 判・並製・96 ページ　定価 2090 円（10%税込）

UDフォントや優しい色使いで、どの子も使いやすい素材を厳選！
学級経営に必須の定番掲示物・プリントが全て揃う！

## 困難な現場を生き抜く！
## やんちゃな子がいるクラスのまとめかた

### 野中信行　著

A5 判・並製・144 ページ　定価 1980 円（10％税込）

やんちゃな子の指導と、やんちゃな子がいるクラスのまとめかたがよく
わかる！　子供の気持ちに共感する・良いところをほめる・必要な場面
できちんと叱るなど、場面に応じた適切なふるまい方がよくわかる！